내 아이가 좋아하는 옷
French Style

내 아이가 좋아하는 옷
French Style

1판 1쇄 인쇄 2015년 5월 20일
1판 1쇄 발행 2015년 6월 1일

지은이 송영예 · 필다르
발행인 김재호 | **출판편집인 · 출판국장** 박태서 | **출판팀장** 이기숙

기획 · 편집 정세영 | **디자인** 나이스에이지 | **도안디자인** 정영경
교정 조창원 | **마케팅** 이정훈 · 정택구 · 박수진
펴낸곳 동아일보사 | **등록** 1968.11.9(1-75) | **주소** 서울시 서대문구 충정로 29(120-715)
마케팅 02-361-1030~3 | **팩스** 02-361-1040 | **편집** 02-361-0936
홈페이지 http://books.donga.com | **인쇄** 삼성문화인쇄

저작권 ©송영예 · 필다르
편집저작권 ©2015 동아일보사
이 책은 저작권법에 의해 보호받는 저작물입니다.
저자와 동아일보사의 서면 허락 없이 내용의 일부를 인용하거나 발췌하는 것을 금합니다.

ISBN 979-11-85711-65-2 13590 | **값** 13,800원

내 아이가 좋아하는 옷
French Style

송영예 · 필다르 지음

동아일보사

Prologue

French Style
for My Children

앞서 프랑스 최대 손뜨개 잡지 『필다르Phildar』와 합작해 펴낸 『내 아이가 좋아하는 옷』이 많은 사랑을 받고 있습니다. 국내 독자들이 좋아할 만한 옷들을 골라, 보기 편하게 엮는 작업은 저에게도 의미 있는 시간이었어요. 그래서 꾸준히 좋은 아이옷을 소개하고 싶다는 생각을 했습니다. 유명 브랜드 못지않은 고급스러운 디자인과 예쁜 화보에 반한 독자들의 성원에 보답하고 싶기도 하고요.

첫 번째 책이 직선뜨기만 하면 쉽게 만들 수 있는 심플한 스타일 위주였다면 이번 책에서는 패턴과 캐릭터 뜨기, 응용뜨기로 연출할 수 있는 프렌치 스타일을 담았어요. 기초부터 고급까지 세 단계로 나누었으니 첫 번째 옷부터 차근차근 따라해 보세요. 마지막 옷을 완성할 때는 어떤 도안을 봐도 실물로 척척 만들어내는 뜨개질 고수가 되어 있을 거예요. 이미 뜨개질에 익숙하다면 자신만의 스타일로 변형해도 좋습니다. 또 코바늘과 대바늘, 두 가지 뜨개법으로 만들 수 있는 옷을 모두 담아 계절은 물론 아이템 선택의 폭을 넓혔습니다. 화려한 패턴을 쉽게 뜰 수 있는 코바늘뜨기는 코 사이로 바람이 술술 들어와 봄·여름용으로 딱이죠. 반면, 촘촘한 대바늘뜨기는 부드럽고 따스해 가을·겨울용으로 좋답니다.

연령대를 넓혀 6개월부터 8세 아이들이 입을 수 있는 옷을 소개하고 있지만, 아이가 학교에 들어가서도 응용해 만들어 입힐 수 있습니다. 특히 집업조끼, 민소매티, 점프수트 등 얇은 면티나 블라우스에 맞춰 입기 좋은 아이템이 풍성해요. 상황에 따라 다양하게 활용해보세요. 몇 년이 지나도 촌스러워 보이지 않아서 더 좋아요.

기성품이 넘쳐나는 세상에서 왜 굳이 직접 만드느냐고 묻는 사람도 간혹 있습니다. 간단한 방법으로 기성품이 따라올 수 없는 개성 있는 아이옷을 만들 수 있다면 얘기가 달라지겠죠. 특히 유행을 타지 않는 클래식하고 고급스러운 프랑스 특유의 디자인과 컬러는 엄마도 아이와 함께 만들어 입고 싶을 만큼 매력적입니다.
엄마의 솜씨를 한껏 발휘해 우리 아이를 '프렌치 시크'로 변신시켜 봐요!

송영예

CONTENTS

Prologue ··· 004

Sewing Level 1   직선뜨기로 만드는 기본 아이옷

~ BASIC ~

024
허니비 점프수트와 모자

032
블랭킷

036
모노톤 점프수트

040
역삼각형 포인트 민소매티

046
니트 마우스

050
레이스 장식 민소매티

058
블랙 캣 니트

064
컬러풀 원피스

068
그물 패턴 니트

Sewing Level 2   다양한 패턴과 캐릭터 뜨기로 완성도 올리기

~ VARIETY ~

080
니트 베리에이션

086
베이식 후드 니트

092
원피스와 블루머 헤어밴드

104
오렌지 스완 원피스

112
홀터넥 민소매티

118
쇼트 카디건

128
레터링 후드 니트

136
반팔 니트

146
볼레로와 리본 장식 원피스

158
집업 조끼

Sewing Level 3 응용 뜨개법으로 섬세한 프렌치 감성 더하기

~ DETAIL ~

170
칼라 달린 점프수트

178
잎사귀 무늬 원피스

184
후드 달린 카디건

192
고양이 캐릭터 원피스

198
사과 담은 카디건

202
에스닉 원피스

Basic Lesson

꼭 알아두어야 할 기본 뜨개법 … 012
능숙한 패턴, 캐릭터 뜨기를 위해 알아야 할 뜨개법 … 074
디테일과 완성도를 높여줄 비장의 뜨개법 …… 166

직선뜨기로 만드는 기본 아이옷

허니비 점프수트, 그물 패턴 니트, 컬러풀 원피스…
기초 뜨개법으로 개성 있는 아이옷을 만들어 봐요!

❄ 꼭 알아두어야 할 기본 뜨개법 ❄

프랑스식 코잡기

1 작품 너비 4배 정도 길이의 실을 준비한다.

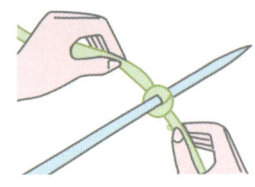

2 바늘에 실을 1번 묶어준다.

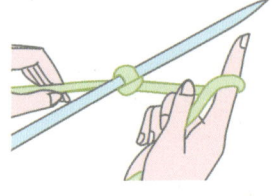

3 오른쪽 검지에 실을 1번 감아준다.

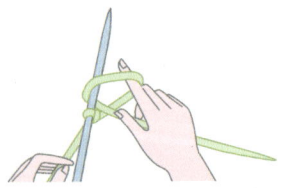

4 3에 바늘을 찔러준다.

5 왼쪽에 있는 실을 앞에서 뒤로 1번 감아준다.

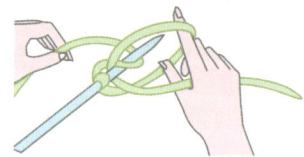

6 오른쪽 검지에 걸려 있는 실고리를 바늘 끝으로 통과시키면서 엄지손가락을 뺀다.

7 양쪽 실을 살짝 잡아당겨 코를 고정한다.

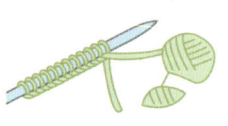

8 4~8을 반복한다.

가터뜨기

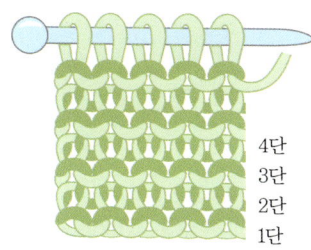

4단
3단
2단
1단

모든 단을 겉뜨기로 뜬다.
겉뜨기 2단은 가터뜨기 1줄과 같다.

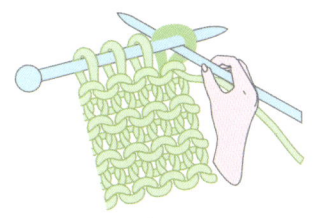

1 오른쪽 바늘로 첫 번째 코를 찌른다.

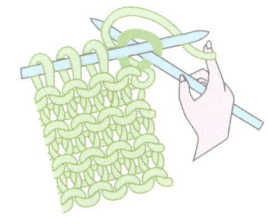

2 오른쪽 바늘에 실을 1번 감은 다음 감은 실 아래로 바늘을 뺀다.

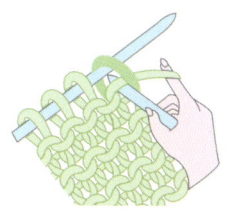

3 오른쪽 바늘 끝에 걸린 코를 통과시킨다.

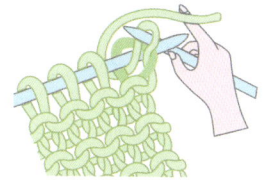

4 감은 코를 끌어올린다.

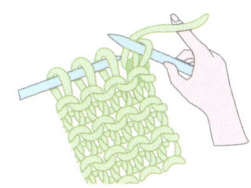

5 왼쪽 바늘에 걸린 코를 뺀다.

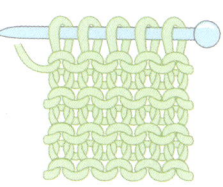

6 1~5를 반복한다.

메리야스뜨기

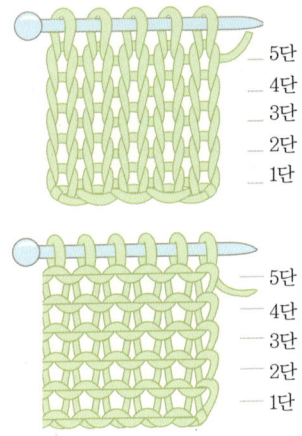

항상 겉뜨기로 뜨고 1단은 안뜨기로 뜬다.
겉뜨기 1단 + 안뜨기 1단은 메리야스뜨기 2단과 같다.

겉메리야스
뜨개 조직 겉면에서 본 메리야스 조직.
왼쪽 바늘에 그림과 같이 코가 걸려 있다면 겉뜨기로 뜬다.

안메리야스
뜨개 조직 안쪽 면에서 본 메리야스 조직.
왼쪽 바늘에 그림과 같이 코가 걸려 있다면 안뜨기로 뜬다.

겉뜨기

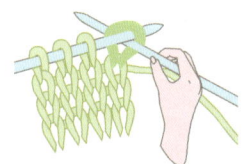

1 오른쪽 바늘로 첫 번째 코를 찌른다.

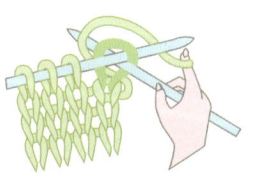

2 오른쪽 바늘에 실로 1번 감은 후 감은 실 아래로 바늘을 뺀다.

3 오른쪽 바늘 끝에 걸린 코를 통과시킨다.

4 감은 코를 끌어올린다.

5 왼쪽 바늘에 걸린 코를 뺀다.

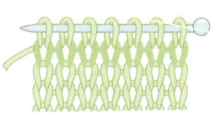

6 1~5를 반복한다.

* 겉뜨기는 가터뜨기 방법과 같다.

안뜨기

1 오른쪽 바늘을 걸린 코에 넣는다.

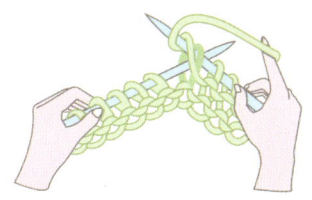

2 실을 오른쪽 바늘에 1번 감는다.

3 오른쪽 바늘 끝이 코를 통과하면서 감긴 코를 끌어올리도록 바늘을 뺀다.

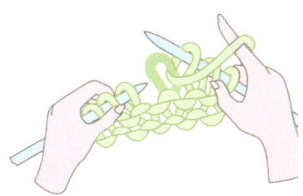

4 왼쪽 바늘에 걸린 코를 뺀다.

코막기(덮어씌워 마무리)

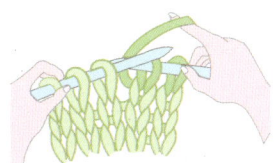

1 처음 2코를 뜬다.

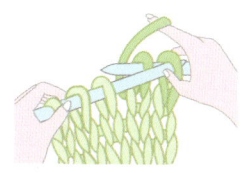

2 왼쪽 바늘로 오른쪽 바늘에 걸린 첫 코를 끌어온다.

3 두 번째 코 위에 덮어씌운다.

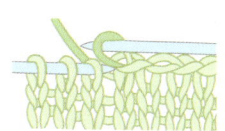

4 왼쪽 바늘을 빼면 오른쪽 바늘에 코가 1개 남는다. 1코 코막음(1코 줄임) 완성.

* 연속해서 코막음하기(코줄이기) : 1코만 뜨고 2번부터 시작한다.
* 모든 코 코막음하기 : 오른쪽에 코가 1코만 남을 때까지 반복한다. 실을 자르고 자른 실을 코 사이로 통과시킨다.

감아코 만들기

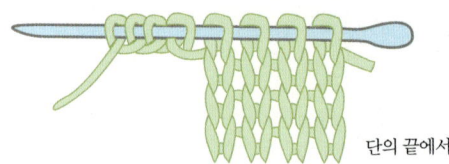

단의 끝에서

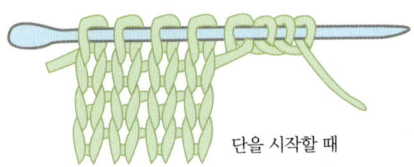

단을 시작할 때

단의 연속선 상에 코를 만든다.

쉼코로 두기

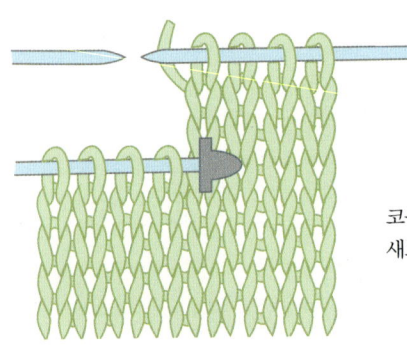

코를 그대로 바늘에 둔 채
새로운 바늘로 한쪽만 이어 뜬다.

* 바늘막음으로 바늘 끝을 막아두어야 코가 풀리지 않는다.

새로운 실 걸기

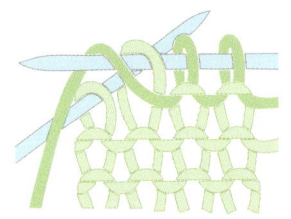

단을 시작할 때 실을 바꾸고
실패에 남은 실이 뜨개 조직 너비의 4배 이하일 때
새로운 실로 뜬다.

단춧구멍 만들기

코 사이를 벌려서 단춧구멍 만들기

1 돗바늘로 코 가운데 실을 끌어올린다.

2 코 사이를 벌려 2단 위쪽으로 벌린 코를 고정시킨다.

3 아래쪽도 같은 방법으로 한다.

돗바늘을 이용해 단춧고리 만들기

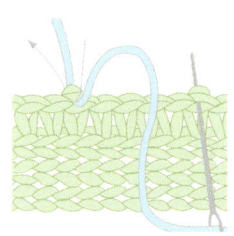

1 뜨개지 가장자리에 돗바늘을 찌른다.

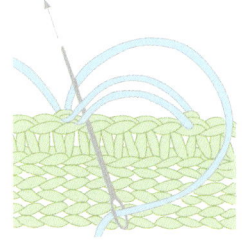

2 단추 크기에 따라 너비를 조정하여 실을 2번 통과시킨다.

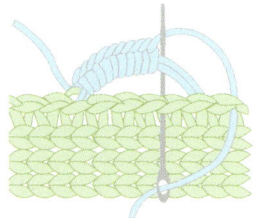

3 실 2겹을 블랭킷 스티치로 촘촘히 수놓은 다음 안쪽 면에서 실을 정리한다.

연결하기

옆선에서 남은 실 감추기

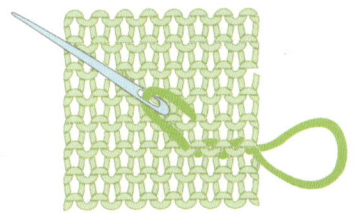

안쪽 면에서 코 사이로 실을 3~4번
통과시킨 후 실을 자른다.

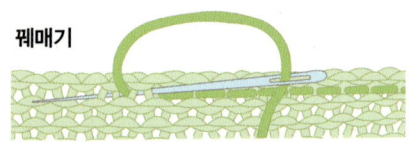

꿰매기

두 편물을 겉면끼리 맞댄 다음 박음질하여 꿰맨다.

1코씩 꿰매기

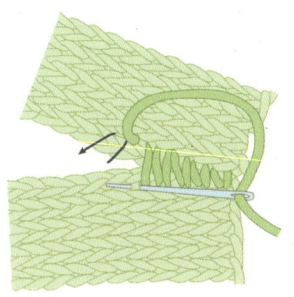

1 두 편물을 겉면끼리 맞댄다.
끝에서 첫 번째와 두 번째 코 사이에
있는 실을 1단씩 나란히 놓는다.
교대로 뜨면서 잇는다.

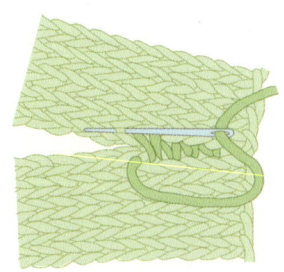

2 완성된 모습.

* 겉뜨기는 1단과 2단 뜨는 방법이 가장 많이 쓰인다. 실이 굵을 때는 1단마다 뜬 다음 반 코 들어간 곳을 이어 마무리한다.

대바늘로 떠서 잇기

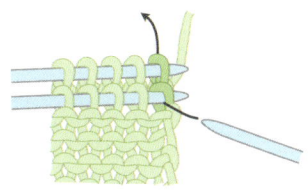

1 두 편물을 겉면끼리 맞댄 다음 화살표 방향으로 바늘을 넣는다.

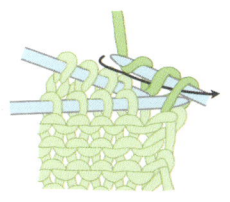

2 겉뜨기로 떠서 화살표 방향으로 실을 빼낸다.

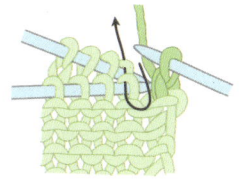

3 2코가 되면 덮어씌우기 방법으로 뜬다. 같은 방법을 끝까지 반복한다.

코 줄이기

오른코 줄이기

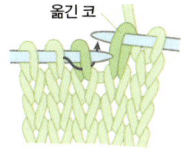

1 1코를 화살표 방향으로 뺀 다음 그대로 옮긴다. 다음 코를 겉뜨기로 뜬다.

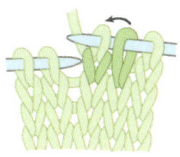

2 코를 덮어씌운다.

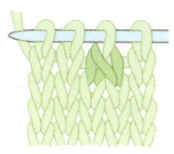

3 완성된 모습.

왼코 줄이기

1 겉뜨기 방향으로 2코를 한꺼번에 모아 뜬다.

2 완성된 모습.

안뜨기로 2코 모아뜨기

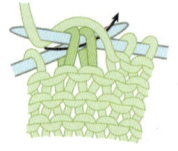

1 안뜨기 방향으로 2코를 한꺼번에 모아 뜬다.

코세워 줄이기 - 오른쪽

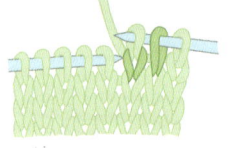

1 첫 코를 뜨고 다음 코는 오른쪽 바늘로 걸러 뜬 다음 세 번째 코를 뜬다.

2 걸러 뜬 코를 덮어씌운다.

3 완성된 모습.

코세워 줄이기 - 왼쪽

1 끝에서 2코까지 뜬다. 왼쪽 코가 겉으로 드러나게 2코를 한꺼번에 뜬다.

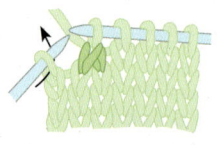

2 화살표 방향으로 바늘을 넣는다. 같은 방법으로 끝 코까지 뜬다.

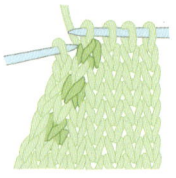

3 완성된 모습.

코 늘리기

오른코 늘리기

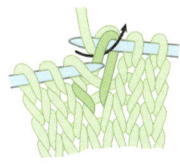 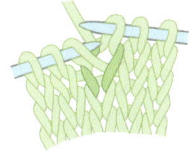 

1 그림과 같이 왼쪽 1단 아래 코를 끌어올린다. 오른쪽 바늘에 걸어준 다음 겉뜨기로 뜬다.

2 남은 코를 겉뜨기로 뜬다.

3 완성된 모습.

왼코 늘리기

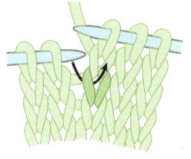  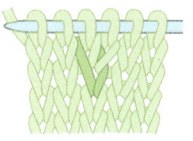

1 오른쪽 2단 아래 코를 끌어올려 왼쪽 바늘에 걸어준다.

2 남은 코를 겉뜨기로 뜬다.

3 완성된 모습.

배색하기

가로 배색하기

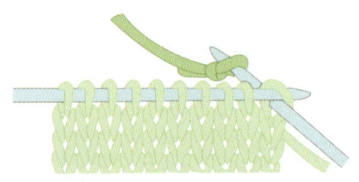

1 끝에서 바탕실을 쉬게 한다.
  배색실은 고리를 만들어
  첫 코에서 바늘로 연결해 뜬다.

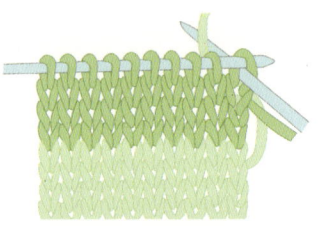

2 바탕 실을 바꿀 때는 배색 실을
  앞쪽에 두고 실이 엉키지 않게
  정리한 다음 뒤쪽으로 돌려 뜬다.

코 줍기

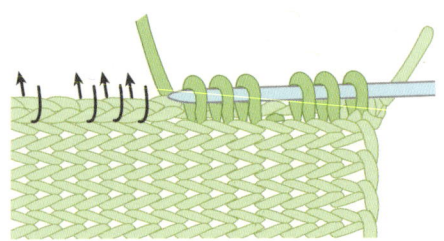

겉뜨기 첫 번째, 두 번째 코 사이에 바늘을 넣는다.
다른 실을 잡아 빼면서 코를 줍는다.

* 겉뜨기, 안뜨기는 보통 3 : 4(코 : 단)로 코를 줍는다.

01
허니비 점프수트와 모자
Combinaison & Bonnet

점프수트와 같은 조합의 모자만 씌워도 가벼운 외출복으로
그만이죠. 점프수트 뒤판에 스냅단추를 달았어요.
아이 스스로 입고 벗게 하고 싶다면 앞판에 지퍼를 달아주세요.
모자는 메리야스뜨기로 뜬 다음 고무단으로 마무리해서
잘 벗겨지지 않아요. 카키색과 옐로그린색 조화가
꿀벌을 연상시키죠?

How to make

허니비 점프수트 ༄

사이즈 12개월

준비물
실 : 필다르사 탈레샤(THALASSA : 코튼 75%, 리오셀 25%) 카키(Safari) 2볼, 옐로그린(Anis) 4볼
대바늘 3.5mm와 4mm, 마커링, 안전핀, 스냅단추(지름 9mm) 5개
*줄무늬 메리야스 게이지(대바늘 4mm) 20코 28단

사용한 기법
1코/1코 고무단, 메리야스뜨기, 오른코 줄이기, 왼코 줄이기(2코 모아뜨기), 코 늘리기

만들기
뒤판
한쪽 다리에서 시작한다.

1. 카키색 실과 대바늘 3.5mm로 시작코 30코를 만든다. 1코/1코 고무단으로 4단(1cm) 뜬다.
2. 다음 단부터 옐로그린색 실과 대바늘 4mm로 바꿔 뜬다. 지금부터 1단으로 센다.
3. 줄무늬 메리야스뜨기로 22단(8cm) 뜬다.
   * 줄무늬 순서
     (옐로그린 8단→카키 4단)×반복
4. 23단부터 오른쪽에서 2단마다 1코씩 2번 늘리기를 한다.
5. 26단(9cm) 32코가 된다. 실을 자르고 모든 코는 안전핀에 걸어둔다.
6. 두 번째 다리도 같은 방법으로 대칭되게 뜬다.
7. 바늘에 있는 32코와 안전핀에 걸어둔 32코를 한 바늘로 옮긴다(코를 늘린 부분이 중앙으로 온다). 총 64코가 된다.
8. 27단에서 양쪽으로 1코씩 줄인 다음(총 62코) 68단까지 줄무늬 메리야스뜨기로 이어 뜬다.
9. 69단에서 양쪽으로 1코씩 줄이면 60코가 남는다. 94단(34cm)까지 이어 뜬다.
10. 95단부터 다음과 같이 뒤트임을 만든다.
    : 오른쪽 34코는 안전핀에 걸어두고 새로운 실로 시작코 8코를 만든다. 왼쪽에 있는 26코를 이어 뜬다. 34코 완성.
11. 110단(39cm)까지 뜬 다음 111단부터 다음과 같이 진동 줄임을 한다.
    : 왼쪽에서 3코 코막음→2단마다 2코씩 2번 줄이기→2단마다 1코씩 2번 줄이기
12. 120단 25코가 된다. 134단(48cm)까지 줄무늬 메리야스뜨기를 한다.
13. 135단에서 목둘레를 8코 코막음→2단마다 3코씩 1번 줄이기→2단마다 2코씩 2번 줄이기→2단마다 1코씩 2번 줄이기 한다.
14. 146단(52cm) 8코가 된다. 남은 8코는 안전핀에 걸어둔다.
15. 10에서 안전핀에 걸어둔 34코도 같은 방법으로 대칭되게 뜬 다음 남은 코는 안전핀에 걸어둔다.

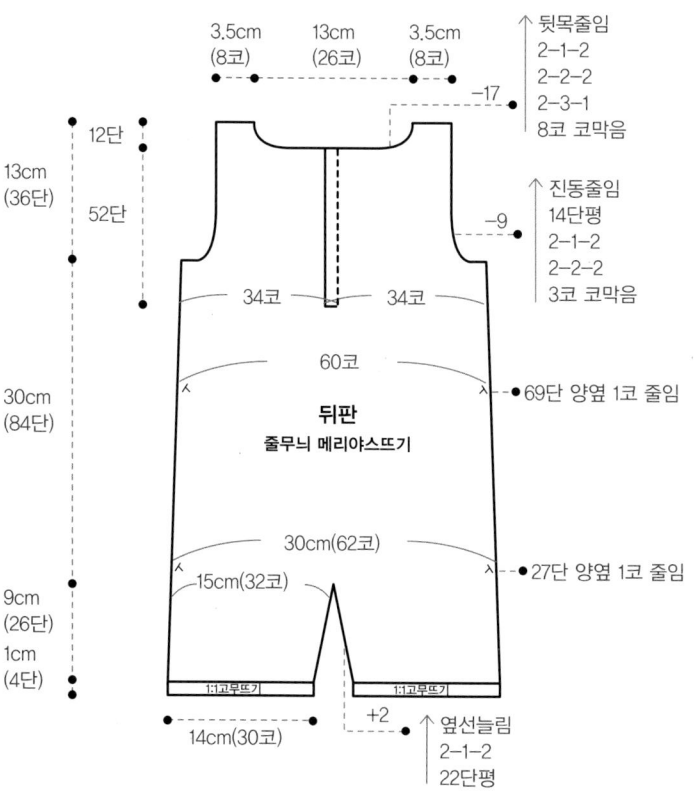

앞판

한쪽 다리에서 시작한다.

1. 카키색 실과 대바늘 3.5mm로 시작코 30코를 만든다. 1코/1코 고무단으로 4단(1cm) 뜬다.
2. 다음 단부터 옐로그린색과 대바늘 4mm로 바꿔 뜬다. 지금부터 1단으로 센다.
3. 줄무늬 메리야스뜨기로 22단(8cm) 뜬다.
   * 줄무늬 순서
     (옐로그린 8단→카키 4단)×계속 반복
4. 23단부터 오른쪽에서 2단마다 1코씩 2번 늘리기를 한다.
5. 26단(9cm) 32코가 된다. 실을 자르고 모든 코는 안전핀에 걸어둔다.
6. 두 번째 다리도 같은 방법으로 대칭되게 뜬다.
7. 바늘에 있는 32코와 안전핀에 걸어둔 32코를 한 바늘로 옮긴다(코를 늘린 부분이 중앙으로 온다). 총 64코가 된다.
8. 27단에서 양쪽으로 1코씩 줄인 다음(총 62코) 68단까지 줄무늬 메리야스뜨기로 이어 뜬다.
9. 69단에서 양쪽으로 1코씩 줄이면 60코가 남는다. 110단(39cm)까지 이어 뜬다.
10. 111단부터 다음과 같이 진동줄임을 한다.
    : 왼쪽에서 3코 코막음→2단마다 2코씩 2번 줄이기→2단마다 1코씩 2번 줄이기
11. 120단 42코가 된다. 122단(43.5cm)까지 이어 뜬다.
12. 한쪽 어깨씩 123단에서 겉뜨기로 18코 뜨고 6코 코막음한 다음 남은 코로 앞목줄임을 한다.
    : 목둘레에서 2단마다 3코씩 1번 줄이기→2단마다 2코씩 2번 줄이기→2단마다 1코씩 3번 줄이기
13. 134단 8코가 된다.
14. 146단(52cm)까지 이어 뜬 다음 남은 8코는 안전핀에 걸어둔다.
15. 12에 남아 있는 18코도 같은 방법으로 대칭되게 뜬 다음 남은 코는 안전핀에 걸어둔다.

연결하기

1. 앞판과 뒤판 어깨를 연결한다.
2. 몸판 옆선을 꿰맨다.
3. 목둘레 밴드 : 카키색 실과 대바늘 3.5mm로 목둘레에서 시작코 78코를 잡아 1코/1코 고무단으로 3단(1cm) 뜬 후 다음 단에서 코막음한다. 이때 고무단의 시작과 끝은 겉뜨기 2코씩으로 한다.
4. 진동둘레 밴드 : 카키색 실과 대바늘 3.5mm로 진동둘레에서 시작코 58코를 잡아 1코/1코 고무단으로 3단(1cm) 뜬 후 다음 단에서 코막음한다.
5. 뒤트임에 스냅단추 5개를 일정한 간격으로 꿰맨다.

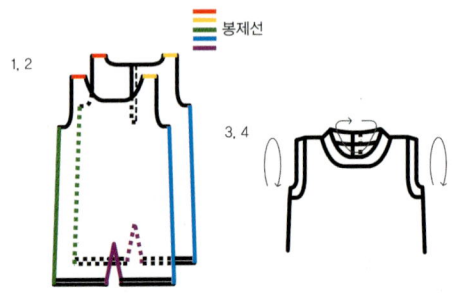

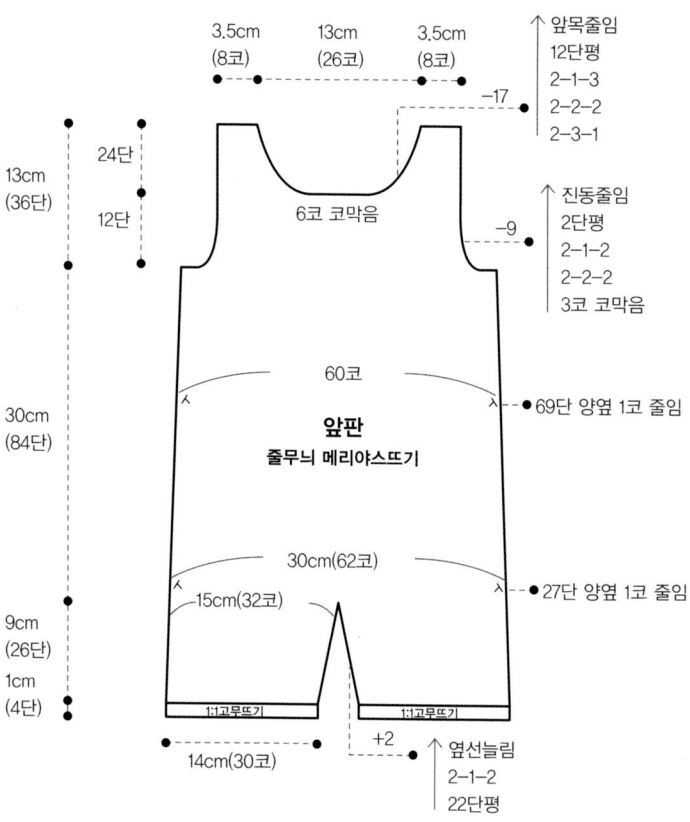

How to make

모자

사이즈 18개월(키 81cm)

준비물
실 : 필다르사 탈레샤(THALASSA : 코튼 75%, 리오셀 25%)
카키(Safari) 1볼, 옐로그린(Anis) 1볼
대바늘 3.5mm와 4mm, 마커링
*줄무늬 메리야스 게이지(대바늘 4mm) 20코 28단

사용한 기법
1코/1코 고무단, 메리야스뜨기, 오른코 줄이기, 왼코 줄이기(2코 모아뜨기)

만들기
1. 카키색 실과 대바늘 3.5mm로 시작코 92코를 만들어 1코/1코 고무단으로 6단(1.5cm) 뜬다.
2. 다음 단부터 옐로그린색 실과 대바늘 4mm로 바꿔 뜬다.
3. 줄무늬 메리야스뜨기로 다음과 같이 24단(8.5cm) 뜬다.
   : (옐로그린 2단→카키 6단)×5
4. 25단에서 다음과 같이 6코 줄인다. 이후 모든 짝수단은 안뜨기로 뜬다.
   : 겉뜨기 8코→2코 모아뜨기→(겉뜨기 13코→2코 모아뜨기)×5→겉뜨기 7코(남은 코 : 86코)
5. 27단에서 다음과 같이 6코 줄인다.
   : 겉뜨기 7코→오른코 줄이기→(겉뜨기 12코→오른코 줄이기)×5번→겉뜨기 7코(남은 코 : 80코)
6. 29단에서 다음과 같이 6코 줄인다.
   : 겉뜨기 7코→2코 모아뜨기→(겉뜨기 11코→2코 모아뜨기)×5→겉뜨기 6코(남은 코 : 74코)
7. 31단에서 다음과 같이 6코 줄인다.
   : 겉뜨기 6코→오른코 줄이기→(겉뜨기 10코→오른코 줄이기)×5→겉뜨기 6코(남은 코 : 68코)
8. 33단에서 다음과 같이 6코 줄인다.
   : 겉뜨기 6코→2코 모아뜨기→(겉뜨기 9코→2코 모아뜨기)×5→겉뜨기 5코(남은 코 : 62코)
9. 35단에서 다음과 같이 6코 줄인다.

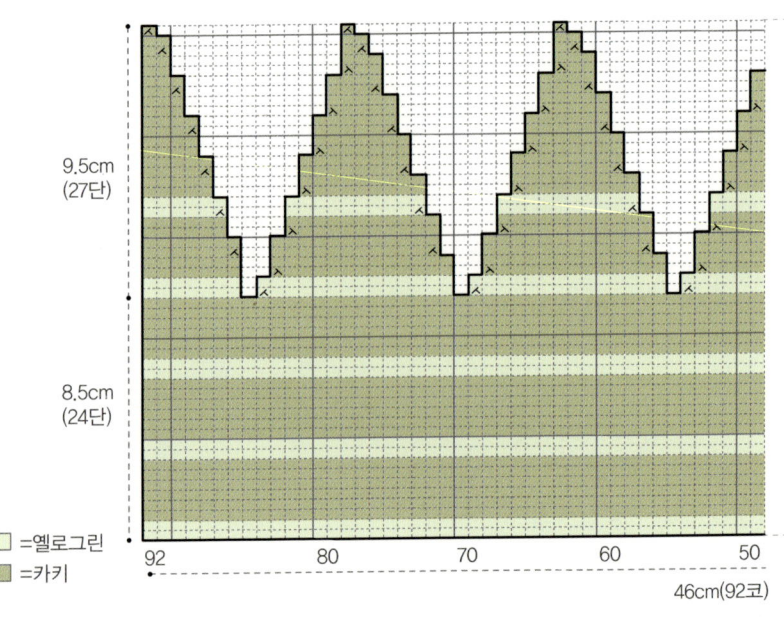

: 겉뜨기 5코→오른코 줄이기→(겉뜨기 8코→오른코 줄이기)×5→겉뜨기 5코(남은 코 : 56코)

10. 37단에서 다음과 같이 6코 줄인다.
: 겉뜨기 5코→2코 모아뜨기→(겉뜨기 7코→2코 모아뜨기)×5→겉뜨기 4코(남은 코 : 50코)

11. 39단에서 다음과 같이 6코 줄인다.
: 겉뜨기 4코→오른코 줄이기→(겉뜨기 6코→오른코 줄이기)×5→겉뜨기 4코(남은 코 : 44코)

12. 41단에서 다음과 같이 6코 줄인다.
: 겉뜨기 4코→2코 모아뜨기→(겉뜨기 5코→2코 모아뜨기)×5→겉뜨기 3코(남은 코 : 38코)

13. 43단에서 다음과 같이 6코 줄인다.
: 겉뜨기 3코→오른코 줄이기→(겉뜨기 4코→오른코 줄이기)×5→겉뜨기 3코(남은 코 : 32코)

14. 45단에서 다음과 같이 6코 줄인다.
: 겉뜨기 3코→2코 모아뜨기→(겉뜨기 3코→2코 모아뜨기)×5→겉뜨기 2코(남은 코 : 26코)

15. 47단에서 다음과 같이 6코 줄인다.
: 겉뜨기 2코→오른코 줄이기→(겉뜨기 2코→오른코 줄이기)×5→겉뜨기 2코 (남은 코 : 20코)

16. 49단에서 다음과 같이 6코 줄인다.
: 겉뜨기 2코→2코 모아뜨기→(겉뜨기 1코→2코 모아뜨기)×5→겉뜨기 1코(남은 코 : 14코)

17. 51단에서 모든 코를 2코 모아뜨기하면 7코가 남는다.

18. 실을 자르고 남은 실을 돗바늘에 끼워서 바늘에 걸려 있는 모든 코 사이로 통과시킨 다음 잡아당겨 단단하게 고정한다.

연결하기

1. 모자 옆선을 꿰맨다.

— 봉제선

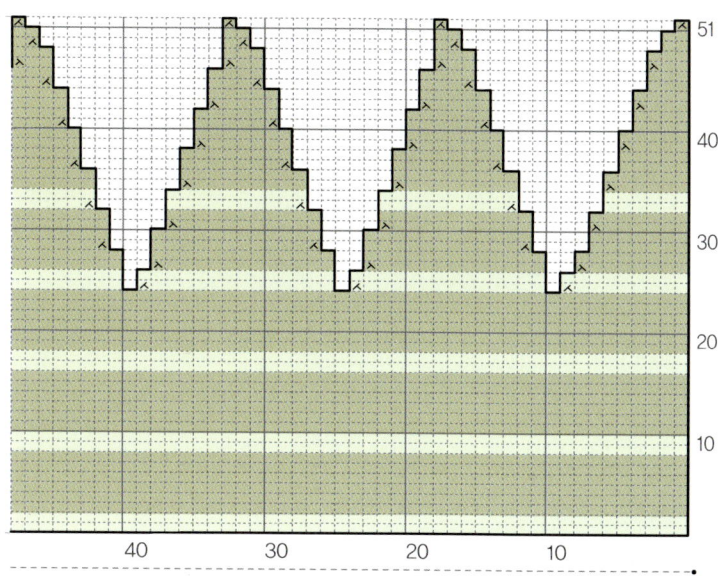

02
블랭킷
Couverture

부드럽고 흡습성 좋은 알비조 실로 만든 블랭킷이에요.
피부가 예민하거나 땀이 많은 아이들도 안심하고 사용할 수 있어요.
두툼하게 만들어 로브 대신 활용해보세요. 샤워 후
한기를 막아주고 남은 물기도 제거해줘요.

How to make

블랭킷

사이즈 너비 50cm, 길이 64cm

준비물
실 : 필다르사 알비조(AVISO : 코튼 60%, 아크릴 40%) 화이트(Blanc) 4볼, 라이트카키(Naturel) 4볼
대바늘 5mm
*느슨하게 뜬 메리야스 게이지(대바늘 5mm) 13코 20단

사용한 기법
메리야스뜨기, 배색하기
*단색으로 뜬 후 메리야스 스티치로 모티브를 수놓아도 된다.

만들기
앞면
1. 라이트카키색 실과 대바늘 5mm로 시작코 64코를 만든다. 배색무늬 도안을 보며 다음과 같이 메리야스뜨기로 이어 뜬다. (〈곰돌이 배색 도안〉 참고)
   : 시접코 1코→배색무늬(도안의 1번째~20번째 코)×3→메리야스뜨기 3코
2. 55단이 된다.
3. 56~74단은 무늬 없이 라이트카키색 실로 메리야스뜨기 한다.
4. 75단부터 1과 같은 방법으로 배색무늬를 1번 더 넣는다.
5. 130단까지 뜬 후 다음 단에서 모든 코를 코막음한다.

뒷면
1. 화이트색 실과 대바늘 5mm로 시작코 64코를 만든다. 배색무늬 도안을 보면서 다음과 같이 메리야스뜨기로 이어 뜬다. (〈곰돌이 배색 도안〉 참고, 앞면과 반대로 배색)
   : 시접코 1코→배색무늬(도안의 1번째~20번째 코)×3→메리야스뜨기 3코
2. 55단이 된다.
3. 56~74단은 무늬 없이 화이트색 실로 메리야스뜨기 한다.
4. 75단부터 1과 같은 방법으로 배색무늬를 1번 더 넣는다.
5. 130단까지 뜬 후 다음 단에서 모든 코를 코막음한다.
6. 곰돌이와 바탕색을 1장 바꿔 더 뜬다

연결하기
1. 앞면 : 라이트카키색 실로 곰돌이 귀와 눈, 코를 메리야스 스티치로 수놓는다.
2. 뒷면 : 화이트색 실로 곰돌이 귀와 눈, 코를 메리야스 스티치로 수놓는다.
3. 1과 2를 마주 댄다. 라이트카키색 실과 돗바늘로 가장자리를 꿰맨다.

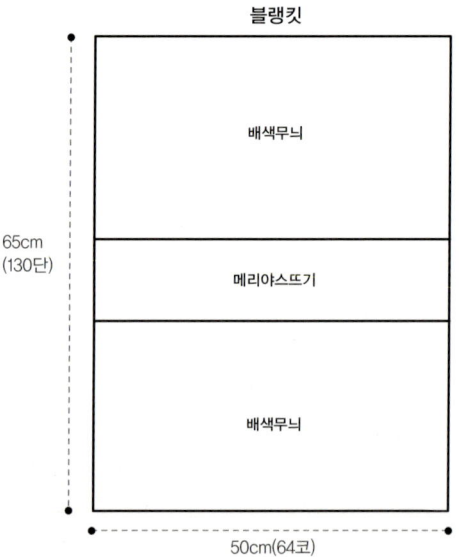

곰돌이 배색 도안

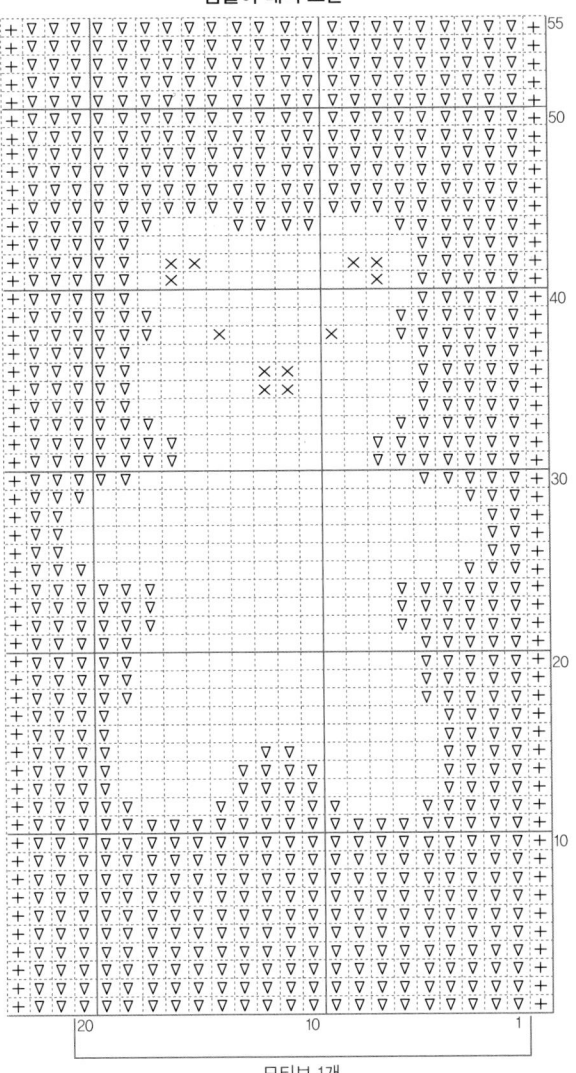

모티브 1개

▽ =앞면에서 라이트카키, 뒷면에서 화이트

□ =앞면에서 화이트, 뒷면에서 라이트카키

× =앞면에서 라이트카키로 메리야스 스티치, 뒷면에서 화이트로 메리야스 스티치

+ =시접코

03
모노톤 점프수트
Combinaison

세탁할수록 부들부들해지는 카버틴 실로
몸판을 만들고 단추 장식으로 포인트를 준 점프수트예요.
화이트와 그레이, 블랙 세 가지 모노톤 배색으로
깔끔하면서 세련된 느낌을 줍니다.
면 티 위에 입어 멜빵바지 느낌을 내거나,
카디건을 걸쳐 간절기 외출복으로 활용해보세요.

How to make

모노톤 점프수트

사이즈 18개월(키 81cm)
준비물
실 : 필다르사 카버틴(CABOTINE : 코튼 55%, 아크릴 45%)
화이트(Craie) 3볼, 라이트그레이(Ecume) 1볼, 블랙(Noir) 1볼
대바늘 3mm와 3.5mm, 마커링, 안전핀, 단추(지름 14mm) 2개, 스냅단추(지름 9mm) 3개
*메리야스 게이지(대바늘 3.5mm) 21코 30단
*1코/1코 고무단 게이지(대바늘 3mm) 26코 36단

사용한 기법
1코/1코 고무단, 메리야스뜨기, 오른코 줄이기, 왼코 줄이기(2코 모아뜨기), 코 늘리기

만들기
뒤판과 앞판
한쪽 다리에서 시작한다.

1. 라이트그레이색 실과 대바늘 3mm로 시작코 31코를 만들어 1코/1코 고무단으로 4단(1cm) 뜬다.
2. 다음 단부터 화이트색 실과 대바늘 3.5mm로 바꿔 뜬다. 지금부터 1단으로 센다.
3. 오른쪽에서 2단마다 1코씩 2번 늘리면서 메리야스뜨기 한다.
4. 4단 33코가 된다.
5. 고무단에서 시작해 6단(2cm)까지 뜬 다음 실을 자르고 모든 코를 안전핀에 걸어둔다.
6. 두 번째 다리도 같은 방법으로 대칭되게 뜬다.
7. 바늘과 안전핀에 걸어둔 33코를 한 바늘로 옮긴다(코를 늘린 부분이 중앙으로 온다). 총 66코 완성.
8. 고무단에서 시작해 52단까지 메리야스뜨기로 이어 뜬다.
9. 53단에서 양쪽으로 *시접코 2코씩 남기고 1코씩 줄인 다음(총 64코) 양쪽으로 18단마다 1코씩 1번 줄인다.
   *시접코 2코씩 남기기 : 겉뜨기 2코→2코 모아뜨기→4코 남을 때까지 겉뜨기→오른코 줄이기→겉뜨기 2코
10. 70단 62코가 된다. 78단(26cm)까지 메리야스뜨기로 이어 뜬다.
11. 79단부터 라이트그레이색 실로 바꾸어 메리야스뜨기로 이어 뜬다.
12. 88단(29cm)까지 뜬 후 89단부터 다음과 같이 진동줄임을 한다.
    : 양쪽에서 3코 코막음→2단마다 2코씩 2번 줄이기→2단마다 1코씩 1번 줄이기
13. 96단 46코가 된다. 103단(34.5cm)까지 줄무늬 메리야스뜨기 한다.
14. 104단(안면)에서 안뜨기로 뜨면서 11코 늘린다. 총 57코 완성.
15. 105단부터 블랙 실과 대바늘 3mm로 바꾸어 1코/1코 고무단으로 14단(4cm) 뜬다. 고무단의 시작과 끝은 겉뜨기로 2코씩 한다.
16. 119단에서 1/1코 고무단으로 13코 뜨고 31코 코막음한 다음 남은 13코를 1코/1코 고무단으로 이어 뜬다. 고무단 시작과 끝은 겉뜨기 2코씩 한다.

17. 고무단에서 시작해 134단(43cm)까지 뜬 다음 남아 있는 13코를 안전핀에 걸어둔다.
18. 16에서 바늘에 남아 있는 13코도 17과 같은 방법으로 뜬다.
19. 같은 방법으로 1장 더 뜬다.

바짓가랑이 덧단
1. 라이트그레이색 실과 대바늘 3mm로 시작코 7코를 만들어 1코/1코 고무단으로 4단(1cm) 뜬다. 고무단의 시작과 끝은 겉뜨기로 2코씩 한다.
2. 5단부터 화이트색 실로 바꾸어 18단(5cm) 뜬다.
3. 23단부터 라이트그레이색 실로 바꾸어 4단(1cm) 뜬다.
4. 27단에서 모든 코를 코막음한다.
5. 같은 방법으로 1장 더 뜬다.

연결하기
1. 앞판과 뒤판 어깨를 연결한다.
2. 몸판 옆선을 꿰맨다.
3. 바짓가랑이 덧단을 앞뒤판 가랑이에 꿰맨다.
4. 스냅단추 3개를 바짓가랑이 덧단에 일정한 간격으로 꿰맨다.
5. 단추 2개를 앞판 라이트그레이색 중앙에 일정한 간격으로 달아준다.

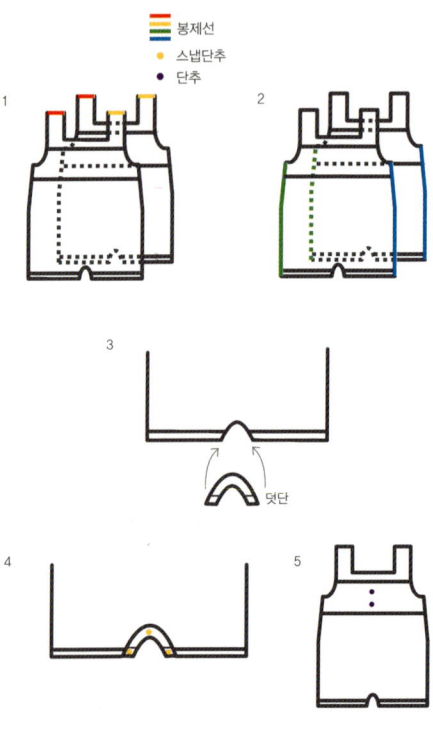

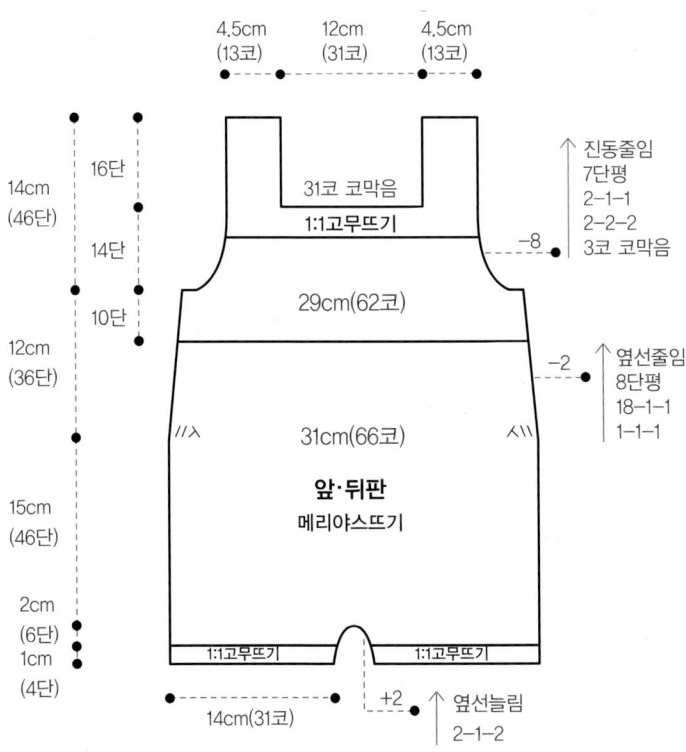

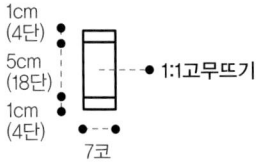

04
역삼각형 포인트 민소매티
Débardeur

활동하기 편하게 목둘레를 널찍하게 뜨고
밑단을 고무단뜨기로 마무리한
민소매티예요.
그레이 컬러에 심플한 디자인이지만 가슴
부분에 자연스럽게 뜬 역삼각형
스프라이트 포인트로
스포티한 멋을 냈어요. 다른 소재의
카디건과 매치해 이너로 입혀도 좋아요.

How to make

역삼각형 포인트 민소매티

사이즈 2세(키 86cm)

준비물
실 : 필다르사 코튼 3(PHIL COTON 3 : 코튼 100%) 다크그레이(Minerai) 3볼, 옐로그린(Pistache) 1볼, 라이트그레이(Perle) 1볼
대바늘 3.5mm, 안전핀, 마커링, 스냅단추(지름 9mm) 2개
*메리야스 게이지(대바늘 3.5mm) 25코 33단 (추천 게이지보다 느슨하게 뜬다)

사용한 기법
메리야스뜨기, 배색하기, 오른코 줄이기, 왼코 줄이기(2코 모아뜨기)

만들기

뒤판

1. 다크그레이색 실과 대바늘 3.5mm로 시작코 79코를 만들어 메리야스뜨기로 66단(20cm) 뜬다.
2. 67단부터 다음과 같이 진동줄임 한다.
   : 양쪽에서 3코씩 코막음→2단마다 3코씩 1번 줄이기→2단마다 2코씩 2번 줄이기→2단마다 1코씩 2번 줄이기
3. 78단 55코가 된다. 102단(31cm)까지 이어 뜬다.
4. 103단부터 겉뜨기로 19코 뜨고 17코 코막음한 후 남은 코로 다음과 같이 한쪽 어깨씩 뒷목줄임 한다.
   : 목둘레 쪽으로 2단마다 4코씩 2번 줄이기→2단마다 1코씩 1번 줄이기
5. 108단 10코가 된다. 116단(35cm)까지 이어 뜬다.
6. 다음 단에서 남아 있는 10코 모두 코막음한다. (왼쪽 어깨 완성)
7. 4에서 바늘에 남아 있는 19코도 같은 방법으로 뒷목줄임 한다.
8. 108단 10코가 된다. 112단(34cm)까지 이어 뜬다.
9. 다음 단에 남아 있는 모든 코를 안전핀에 걸어둔다. (오른쪽 어깨 완성)

앞판

1. 다크그레이색 실과 대바늘 3.5mm로 시작코 79코를 만들어 메리야스뜨기로 66단(20cm) 뜬다.
2. 67단부터 다음과 같이 진동줄임 한다.
   : 양쪽에서 3코씩 코막음→2단마다 3코씩 1번 줄이기→2단마다 2코씩 2번 줄이기→2단마다 1코씩 2번 줄이기. 78단 55코가 된다.
3. 2번 진동줄임을 하다가 77단부터 앞판 중앙에 배색무늬 도안으로 이어 뜬다. 배색무늬 도안(총 14단)이 끝나면 다시 다크그레이색으로 92단(28cm)까지 이어 뜬다. 〈배색무늬 도안〉 참고

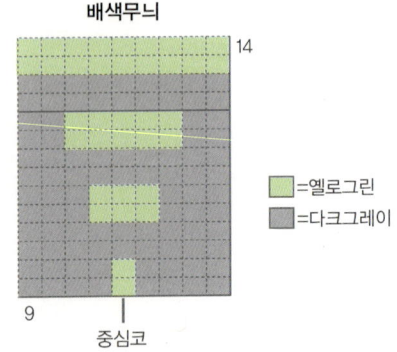

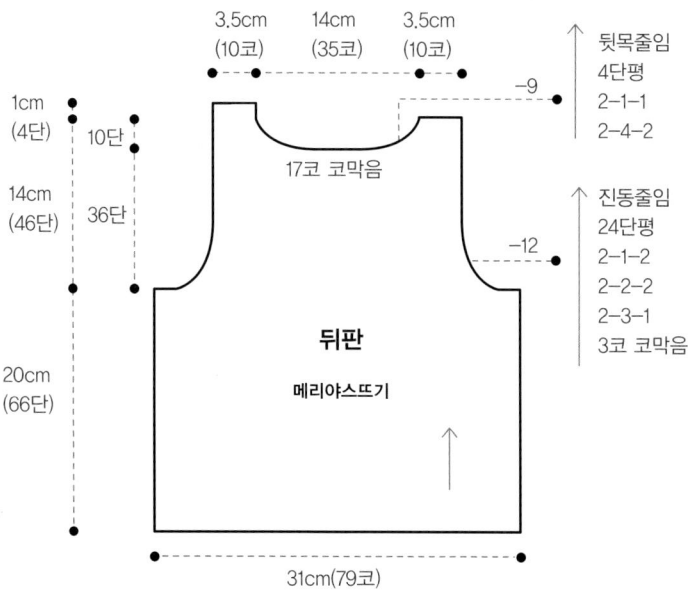

4. 93단부터 겉뜨기로 20코 뜨고 15코 코막음한 후 남은 코로 다음과 같이 한쪽 어깨씩 앞목줄임을 한다.
: 목둘레 쪽으로 2단마다 3코씩 2번 줄이기→2단마다 2코씩 1번 줄이기→2단마다 1코씩 1번 줄이기→4단마다 1코씩 1번 줄이기
5. 104단 10코가 된다. 112단(34cm)까지 이어 뜬다.
6. 다음 단에서 남아 있는 10코 모두 안전핀에 걸어둔다. (오른쪽 어깨 완성)
7. 4에서 바늘에 남아 있는 20코도 같은 방법으로 대칭되게 뜬 후 남은 10코는 모두 코막음한다.

연결하기
1. 오른쪽 어깨를 연결한다.
2. 몸판 옆선을 꿰맨다.
3. 라이트그레이색 실과 대바늘 3.5mm로 오른쪽 진동둘레에서 시작코 78코를 줍고 바로 다음 단에서 모든 코를 코막음한다.
4. 라이트그레이색 실과 대바늘 3.5mm로 왼쪽 진동둘레에서 시작코 80코를 줍고 바로 다음 단에서 모든 코를 코막음한다.
5. 라이트그레이색 실과 대바늘 3.5mm로 목둘레에서 시작코 104코를 줍고 바로 다음 단에서 모든 코를 코막음한다.
6. 왼쪽 어깨 단추 덧단을 안쪽으로 넣고 앞뒤판 왼쪽 어깨끝에 1개씩 스냅단추를 달아준다.

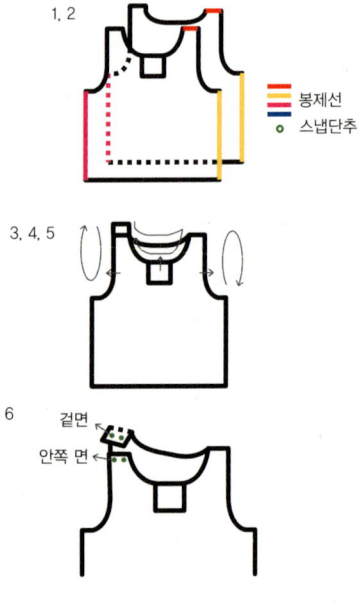

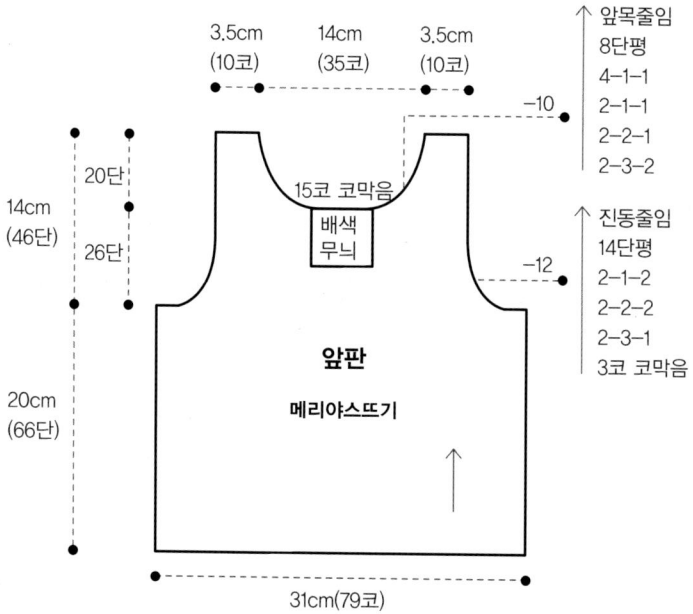

05
니트 마우스
Doudou

뜨개질을 하다 보면 실이 조금씩 남지요.
자투리 실을 모아 동화 속에서 튀어나온 것 같은
귀여운 쥐 인형을 만들어봐요.
얼굴과 귀는 메리야스뜨기, 몸통은 가터뜨기를 하고
트위스트코드로 꼬리를 만들면 완성! 기본 뜨개 방법만 알면
누구나 쉽게 만들 수 있어요.

How to make

니트 마우스

사이즈 11cm×8cm

준비물
실 : 필다르사 코튼3(PHIL COTON 3 : 코튼 100%) 옐로그린(Pistache) 옐로그린(Pistache) 1볼, 다크그레이(Minerai) 1볼, 라이트그레이(Perle) 1볼
대바늘 2.5mm, 마커링, 솜

사용한 기법
메리야스뜨기, 가터뜨기, 오른코 줄이기, 왼코 줄이기(2코 모아뜨기), 오른코 늘리기, 왼코 늘리기, 감아코 만들기

만들기

몸통
1. 옐로그린색 실과 대바늘 2.5mm로 시작코 18코를 만든다. 가터뜨기로 양쪽 2단마다 2코씩 4번 늘려 뜬다.
2. 10단 34코가 된다. 38단까지 가터뜨기로 이어 뜬다.
3. 39단은 다음과 같이 뜬다.
   : 새로운 바늘로 시작코 5코 만들기→처음 6코는 겉뜨기 (2코 모아뜨기→겉뜨기 5코)×4→감아코 5코로 만들기
4. 40단부터 메리야스뜨기로 이어 뜨면서 그림 도안을 보며 따라 뜬다. (〈몸통 도안〉 참고)

배
1. 다크그레이색 실과 대바늘 2.5mm로 시작코 9코를 만든다. 도안을 보며 메리야스뜨기로 양쪽으로 2단마다 1코씩 4번 늘려 뜬다. (〈배 도안〉 참고)
2. 17코가 된다. 28단까지 메리야스뜨기로 양쪽 2단마다 1코씩 늘려 뜬다.
3. 다음 단에서 17코 모두 코막음한다.

귀

귀 뒷면
1. 옐로그린색 실과 대바늘 2.5mm로 시작코 12코를 만든다. 도안을 보면서 메리야스뜨기 한다. (〈귀 뒷면 도안〉 참고)
2. 다음 단에서 모든 코를 코막음한다.
3. 같은 방법으로 1장 더 뜬다.

귀 앞면
1. 옐로그린색 실과 대바늘 2.5mm로 시작코 12코를 만든다. 도안을 보면서 메리야스뜨기로 배색한다. (〈귀 앞면 도안〉 참고)
2. 다음 단에서 모든 코를 코막음한다.
3. 같은 방법으로 1장 더 뜬다.

연결하기
1. 몸통 둥근 부분과 배 아랫단에 주름을 잡는다.
2. 배 옆면을 몸통 가터뜨기한 부분에 꿰매는데 A점은 A점끼리 B점은 B점끼리 만나게 한다.
3. 몸통에 솜을 채우고 주둥이 부분을 꿰맨다.
4. 다크그레이색 실을 이용해 스트레이트 스티치로 눈을 수놓는다.
5. 바깥쪽 귀와 안쪽 귀를 꿰매어 귀 모양을 만든 다음 머리에 고정한다.
6. 옐로그린색 실 2겹으로 트위스트코드를 10cm 만들어 몸통 아랫부분에 고정한다.

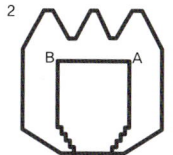
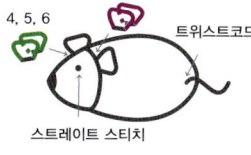

귀 뒷면

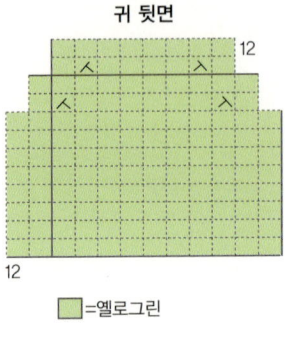

=옐로그린

귀 앞면

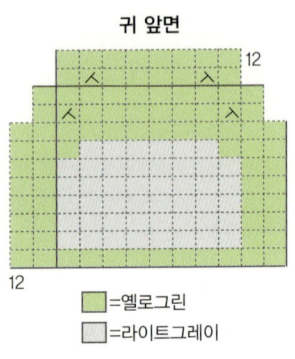

=옐로그린
=라이트그레이

배

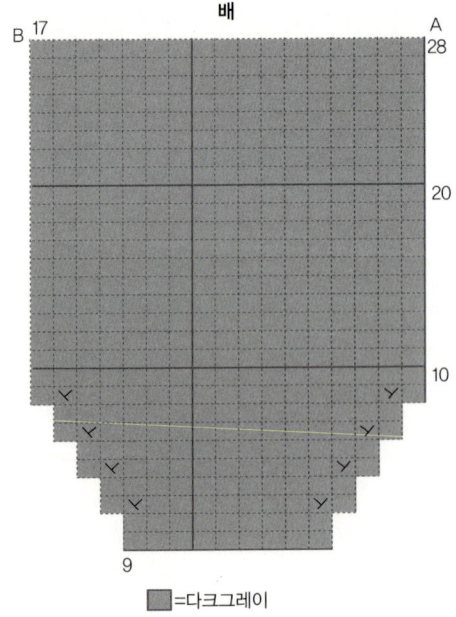

=다크그레이

스트레이트 스티치로 눈 수놓기

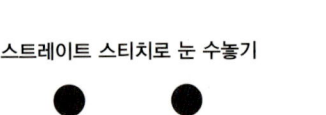

스트레이트 스티치

몸통

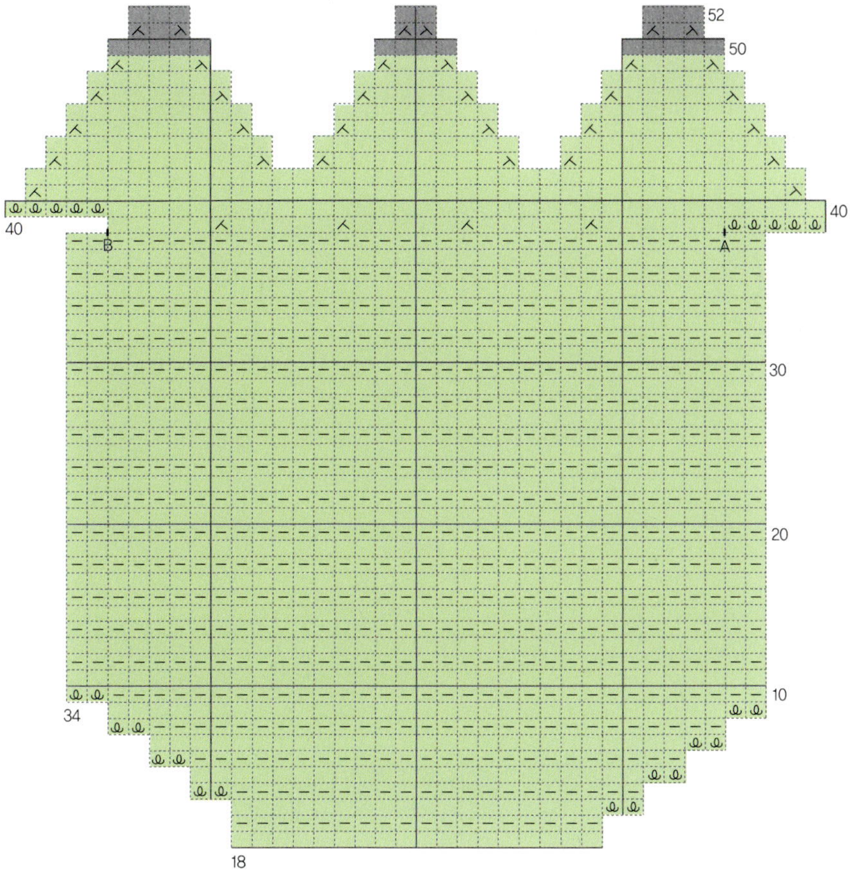

=옐로그린　　=겉뜨기　　=감아코 만들기
=다크그레이　=안뜨기

06
레이스 장식 민소매티
Débardeur

사랑스러움을 표현하는 소재로 레이스만한 것도 없을 거예요. 베이지색 실로 민소매티를 만들고 소매 둘레, 앞여밈에 같은 컬러의 레이스를 달아요. 레이스는 포인트가 될 부분에만 넣어야 세련돼 보여요. 화이트 샤 스커트와 코디하면 드레스 느낌도 낼 수 있어요.

How to make

레이스 장식 민소매 티

사이즈 2세(키 86cm)
준비물
실 : 필다르사 파트너 베이비(PARTNER BABY : 폴리아미드 50%, 울 25%, 아크릴 25%) 베이지(Lin) 2볼
대바늘 2.5mm와 3.5mm, 안전핀, 마커링, 단추(지름 12mm) 3개, 레이스 66cm, 고무줄
*메리야스 게이지(대바늘 2.5mm) 33코 44단
*메리야스 게이지(대바늘 3.5mm) 28코 35단

사용한 기법
메리야스뜨기, 1코/1코 고무단, 2코/2코 고무단, 오른코 줄이기, 왼코 줄이기(2코 모아뜨기), 감아코 만들기

만들기
뒤판
1. 대바늘 2.5mm로 시작코 82코를 만들어 1코/1코 고무단으로 4단(1cm) 뜬다.
2. 다음 단부터 대바늘 3.5mm로 바꿔 첫 단에서 10코 늘리면서(총 92코) 메리야스뜨기 한다. 지금부터 1단으로 센다.
3. 고무단부터 시작해 73단(20.5cm) 될 때까지 메리야스뜨기 한다.
4. 74단(안쪽 면)에서 대바늘 2.5mm로 바꾸고 겉뜨기(겉면에서 안뜨기)로 1단 뜬다.
5. 75단부터 메리야스뜨기로 이어 뜨면서 다음과 같이 진동줄임 한다.
   : 양쪽에서 3코씩 코막음→2단마다 2코씩 2번 줄이기→2단마다 1코씩 2번 줄이기
6. 84단 74코가 된다. 122단(32cm)까지 메리야스뜨기 한다.
7. 123단에서 한쪽 어깨씩 겉뜨기로 18코 뜬다. 38코 코막음한 다음 겉뜨기로 18코 뜬다.
8. 136단(35cm)까지 뜬 다음 남은 18코를 안전핀에 걸어둔다.
9. 반대쪽 어깨도 같은 방법으로 뜨고 남은 코를 안전핀에 걸어둔다.

앞판
1. 대바늘 2.5mm로 시작코 82코를 만들어 1코/1코 고무단으로 4단(1cm) 뜬다.
2. 다음 단부터 대바늘 3.5mm로 바꿔 첫 단에서 10코 늘리면서(총 92코) 메리야스뜨기 한다. 지금부터 1단으로 센다.
3. 고무단부터 시작해 73단(20.5cm) 될 때까지 메리야스뜨기 한다.
4. 74단(안쪽 면)에서 대바늘 2.5mm로 바꾸고 겉뜨기(겉면에서 안뜨기)로 1단 뜬다.
5. 75단에서 처음 43코는 〈오른쪽 앞판 도안〉을 따라 뜬 다음 감아코로 6코 만든다(총 49코). 왼쪽 바늘에 있는 49코는 안전핀에 걸어둔다.
6. 5와 오른쪽에서 3코씩 코막음→2단마다 2코씩 2번 줄이기→2단마다 1코씩 2번 줄이기를 동시에 한다.
7. 84단 40코가 된다. 115단까지 〈오른쪽 앞판 도안〉을 보며 이어 뜬다.
8. 116단에서 왼쪽으로 22코 코막음해 앞목을 만든다. 18코가 남는다.
9. 136단(35cm)까지 뜬 다음 남은 18코를 안전핀에 걸어둔다.
10. 새로운 바늘에 시작코 2코(시접코) 만든다. 5에서 안전핀에 걸어둔 49코를 이어뜨는데(총 51코), 〈왼쪽 앞판 도안〉을 따라 뜬다.
11. 10과 왼쪽에서 3코씩 코막음→2단마다 2코씩 2번 줄이기→2단마다 1코씩 2번 줄이기를 동시에 한다.

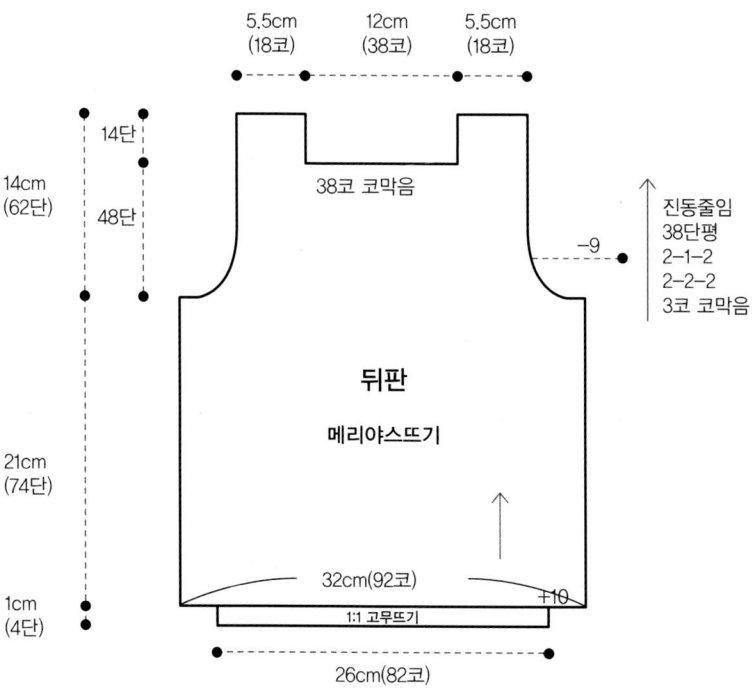

12. 84단 42코가 된다. 114단까지 〈왼쪽 앞판 도안〉을 보며 이어 뜬다.
13. 115단에서 오른쪽으로 24코를 코막음해 앞목을 만든다. 18코가 남는다.
14. 136단(35cm)까지 뜬 다음 남은 18코를 안전핀에 걸어둔다.

연결하기

1. 앞판과 뒤판 어깨를 연결한다.
2. 몸판 옆선을 꿰맨다.
3. 앞판 여밈에 다음과 같이 단춧구멍 3개를 만든다.
   : 모든 단춧구멍은 가장자리에서 5코 들어가서 만든다.
   ① 1번째 단춧구멍 : 목둘레에서 2단 내려 만든다.
   ② 2번째 단춧구멍 : 안뜨기 단에서 4단 올려 만든다.
   ③ 3번째 단춧구멍 : 1, 2번째 단춧구멍 가운데에 만든다.
4. 앞판 바깥쪽 여밈 2코(시접코)를 안면으로 접어 봉제실로 감침질한다.
5. 단춧구멍과 대칭되는 위치에 단추를 달아준다.
6. 레이스 9cm, 24cm를 각각 2개씩 자른다.
7. 양쪽 진동둘레와 앞여밈에 꿰맨다. (《오른쪽 앞판 도안》과 〈왼쪽 앞판 도안〉 참고)
8. 실 1가닥을 반으로 접어서 20cm짜리 아이코드를 만든다. 리본 모양으로 묶어 앞판 안뜨기단 중앙에 꿰맨다.
9. 몸판 아래 고무단에 고무줄을 통과시킨다.

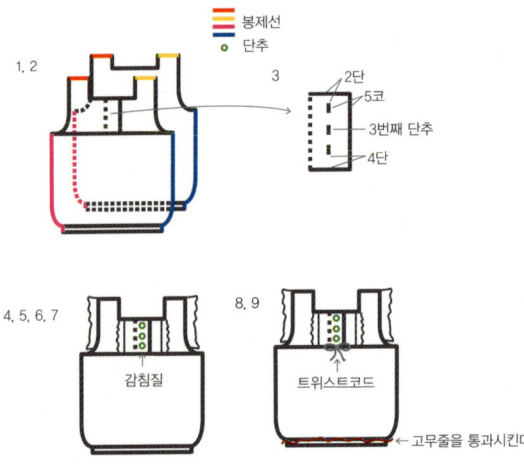

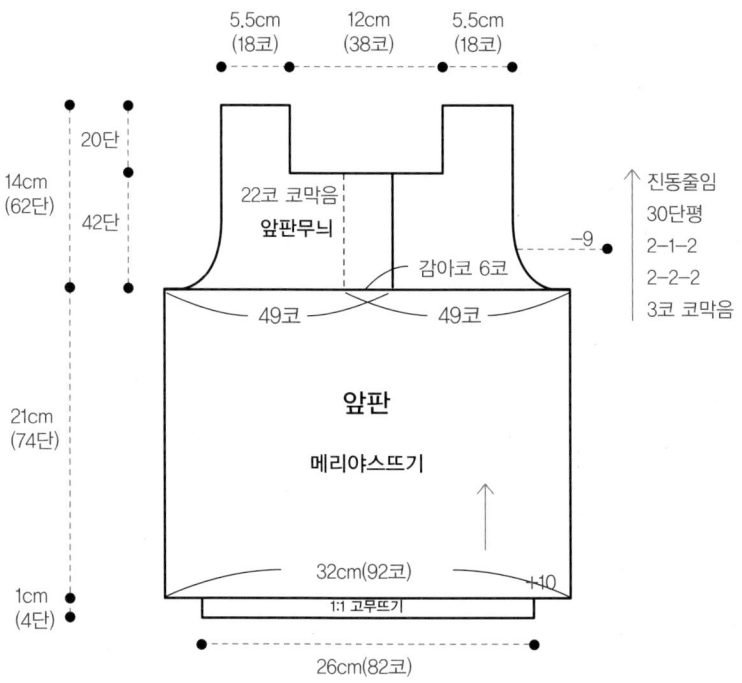

*레이스 위치는 입었을 때를 기준으로 한다.

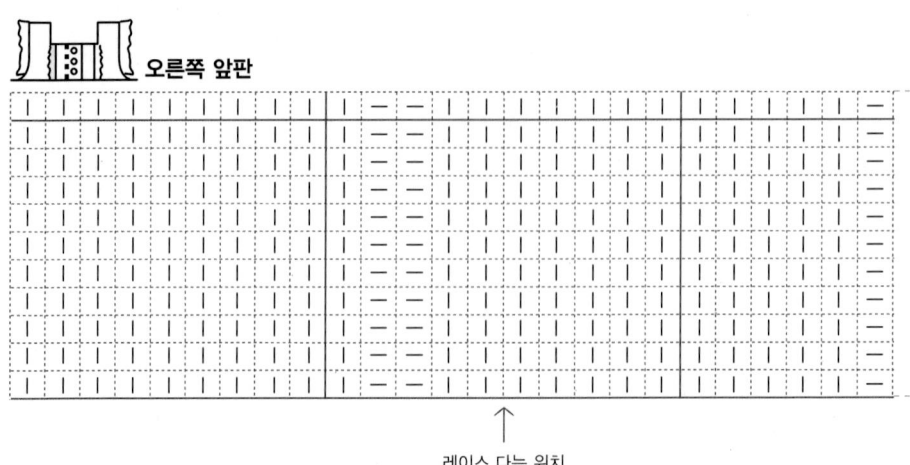

오른쪽 앞판

↑
레이스 다는 위치

왼쪽 앞판

| | =겉면에서 겉뜨기, 안쪽 면에서 안뜨기
| — | =겉면에서 안뜨기, 안쪽 면에서 겉뜨기

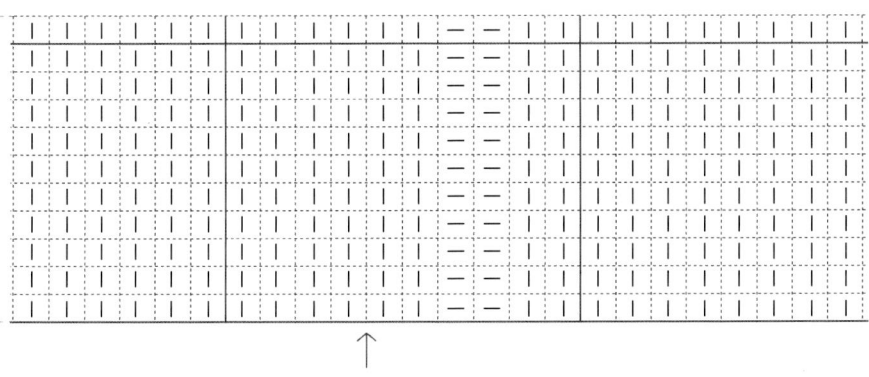

↑
레이스 다는 위치

07 블랙 캣 니트
Pull

커다랗게 수놓은 검은 고양이가
시선을 끄는 니트예요.
메리야스뜨기 한 장으로 몸판을 만들고
스트레이트와 아웃라인 스티치로
웃는 얼굴을 표현해요. 천진난만한
고양이 표정이 꼭 장난꾸러기 아이 같죠?

How to make

블랙 캣 니트

사이즈 4세(키 102cm) · 6세(키 114cm)

준비물
실 : 필다르사 탈레사(THALASSA : 코튼 75%, 리오셀 25%) 블랙(Noir) 4세 3볼 / 6세 4볼, 화이트(Blanc) 4세 3볼 / 6세 4볼
대바늘 4mm, 돗바늘
*메리야스 게이지(대바늘 4mm) 20코 28단

사용한 기법
메리야스뜨기, 배색하기, 감아코 만들기
자수 : 스트레이트 스티치, 아우트라인 스티치

만들기
〈4세용〉
한 장으로 뜬다.

1. 블랙 실과 대바늘 4mm로 시작코 70코를 만들어 메리야스뜨기로 68단(24cm) 뜬다.
2. 69단에서 화이트색 실로 바꾼 다음 겉뜨기로 70코를 뜨고 감아코 만들기로 28코를 만든다. (총 98코)
3. 70단에서 안뜨기로 98코를 뜨고 감아코 만들기로 28코를 만든다. (총 126코)
4. 100단(36cm)까지 메리야스뜨기 한다.
5. 101단에서 다음과 같이 목트임을 만든다.
   : 겉뜨기 47코(왼쪽 어깨)→32코 덮어씌워 코막음→겉뜨기 47코(오른쪽 어깨)
6. 102~110단은 마지막 47코만 메리야스뜨기한 다음 실을 자르고 안전핀에 걸어둔다.(오른쪽 어깨 완성)
7. 5에 남아 있는 47코는 메리야스뜨기로 10단(3cm) 뜬다.(왼쪽 어깨 완성)
8. 111단에서 다음과 같이 목둘레를 만든다.
   : 왼쪽 어깨 47코 겉뜨기로 뜨기→감아코 만들기 32코→오른쪽 어깨 47코 겉뜨기로 뜨기 (총 126코)
9. 126코로 146단(52cm)까지 메리야스뜨기로 이어 뜬다.
10. 147단은 28코 덮어씌워 코막은 다음 겉뜨기로 끝까지 뜬다. (남은 코 : 98코)
11. 148단은 28코 덮어씌워 코막은 다음 안뜨기로 끝까지 뜬다. (남은 코 : 70코)
12. 149단부터 블랙 실로 바꾼 다음 214단(76cm)까지 메리야스뜨기로 이어 뜬다.
13. 다음 단에서 모든 코를 코막음한다.
14. 고양이의 눈과 수염을 수놓는다.
    (〈고양이 얼굴 자수 도안〉 참고)

*연결하기, 귀 만들기는 6세용 참고

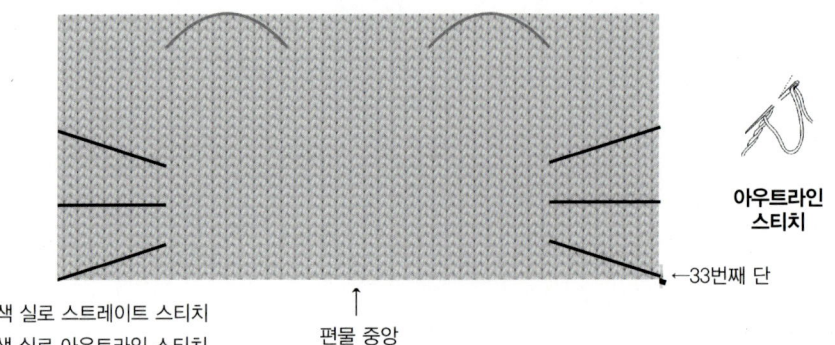

고양이 얼굴

아우트라인 스티치

←33번째 단

━ =화이트색 실로 스트레이트 스티치
━ =화이트색 실로 아우트라인 스티치

↑ 편물 중앙

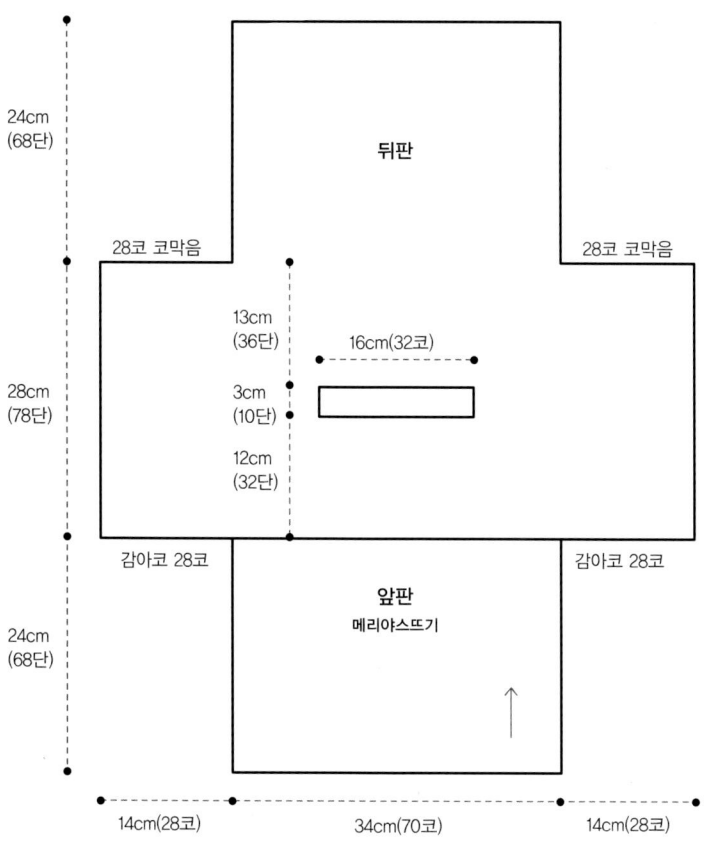

〈6세용〉

한 장으로 뜬다.

1. 블랙 실과 대바늘 4mm로 시작코 76코를 만들어 메리야스뜨기로 72단(26cm) 뜬다.
2. 73단부터 화이트색 실로 바꾼 다음 겉뜨기로 76코 뜨고 감아코 만들기로 33코를 만든다. (총 109코)
3. 74단부터 안뜨기로 109코 뜨고 감아코 만들기로 33코를 만든다. (총 142코)
4. 108단(39cm)까지 메리야스뜨기한다.
5. 109단에서 다음과 같이 목트임을 만든다.
   : 겉뜨기 54코(왼쪽 어깨)→34코 덮어씌워 코막음→겉뜨기 54코(오른쪽 어깨)
6. 110~120단은 마지막 54코만 메리야스뜨기한 다음 실을 자르고 안전핀에 걸어둔다.(오른쪽 어깨 완성)
7. 5에 남아 있는 54코를 메리야스뜨기로 12단(4cm) 뜬다.(왼쪽 어깨 완성)
8. 121단에서 다음과 같이 목둘레를 만든다.
   : 왼쪽 어깨 54코 겉뜨기로 뜨기→감아코 만들기 34코→오른쪽 어깨 54코 겉뜨기로 뜨기 (총 142코)
9. 142코를 162단(58cm)까지 메리야스뜨기로 이어 뜬다.
10. 163단은 33코 덮어씌워 코막은 다음 겉뜨기로 끝까지 뜬다. (남은 코 : 109코)
11. 164단은 33코 덮어씌워 코막고 안뜨기로 끝까지 뜬다. (남은 코 : 76코)
12. 165단에서 블랙 실로 바꾼 다음 234단(84cm)까지 메리야스뜨기로 이어 뜬다.
13. 다음 단에서 모든 코를 코막음한다.
14. 고양이의 눈과 수염을 수놓는다.
    (〈4세용 고양이 얼굴 자수 도안〉 참고)

귀 만들기(공통)

1. 블랙 실과 대바늘 4mm로 시작코 13코를 만들어 가터뜨기로 뜨는데, 다음과 같이 양쪽으로 줄이면서 뜬다.
   : 양쪽에서 2단마다 1코씩 5번 줄이기→2단 위에서 3코 한꺼번에 모아뜨기
2. 1과 같은 방법으로 1장 더 뜬다.
3. 앞판에 1과 2사이가 22코 벌어지게 고정한 다음 꿰맨다.

연결하기(공통)

1. 몸판의 옆선과 소매 아랫선을 이어서 꿰맨다.

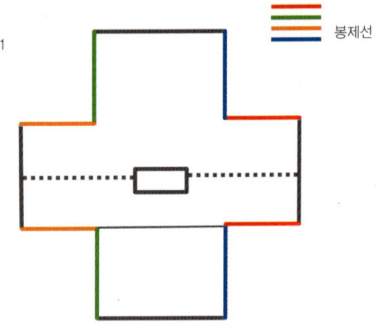

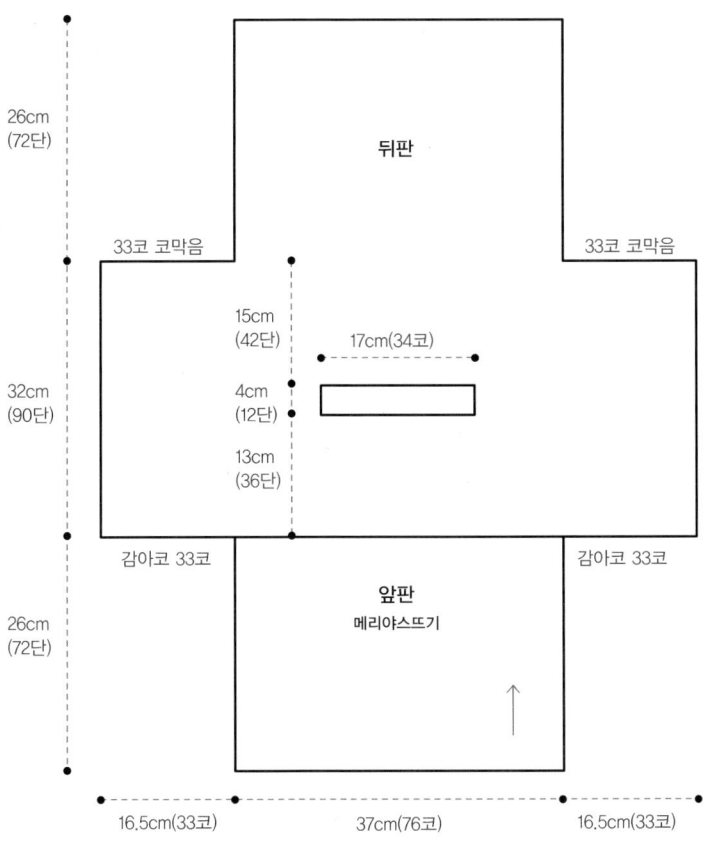

귀(2장)-가터뜨기

08
컬러풀 원피스
Robe

환상적인 색 조합만으로도 특별함이 느껴지죠.
여기에 부드러운 카버틴 실의 기분 좋은 촉감까지!
메리야스뜨기로 몸판과 짤막한 소매를
이어 뜹니다. 소매단을 느슨하게 코막음하면 완성!
자꾸 손을 넣어보고 싶게 만드는
작은 주머니가 눈길을 끌어요.

How to make

컬러풀 원피스

사이즈 6세(키 114cm)

준비물
실 : 필다르사 카버틴(CABOTINE : 코튼 55%, 아크릴 45%)
피치핑크(Sorbet) 1볼, 자주빛레드(Bengale) 3볼, 핑크(Oeillet) 2볼, 미모사옐로(Mimosa) 1볼, 베이지(Sable) 1볼, 피치(Peau) 1볼, 진주황(Mandarine) 1볼
대바늘 3mm와 3.5mm, 코바늘 4호, 실패, 단추(지름 12mm) 1개

*메리야스 게이지(대바늘 3.5mm) 21코 30단

사용한 기법
1코 고무단, 메리야스뜨기, 오른코 줄이기, 왼코 줄이기(2코 모아뜨기), 되돌아뜨기, 감아코 만들기

만들기
뒤판
1. 자주빛레드색 실과 대바늘 3.5mm로 시작코 94코를 만들어 메리야스뜨기 한다.
2. 몸판을 자주빛레드 8단→진주황 16단→자주빛레드 32단→피치 16단→베이지 16단→미모사옐로 16단→핑크 32단→자주빛레드 16단→피치핑크 16단→핑크로 배색한다.
3. 2와 동시에 옆선을 1코씩 2번 줄이기→12단마다 1코씩 7번 줄인다.
4. 112단 76코가 된다. 124단(41.5cm) 될 때까지 이어 뜬다.
5. 125단은 겉뜨기로 76코 뜬 다음 감아코 만들기로 13코 만든다. (총 89코)
6. 126단은 안뜨기로 89코 뜬 다음 감아코 만들기로 13코 만든다. (총 102코)
7. 172단(57.5cm)까지 메리야스뜨기로 이어 뜬다.
8. 173단부터 겉뜨기로 44코 뜨고 14코 코막음한 후, 다음과 같이 되돌아뜨기(왼쪽 아래로 경사)하여 한쪽 어깨씩 어깨처짐을 준다.
   : 2단마다 8코씩 2번 되돌아뜨기→2단마다 9코씩 2번 되돌아뜨기 (어깨 : 34코씩)
9. 8과 목둘레 쪽으로 2단마다 5코씩 2번 줄이기를 동시에 한다.
10. 180단에서 남아 있는 34코는 안전핀에 걸어둔다.
11. 8에서 바늘에 남아 있는 44코도 위와 같은 방법으로 대칭되게 뜬 다음 남은 코는 안전핀에 걸어둔다.

앞판
1. 자주빛레드색 실과 대바늘 3.5mm로 시작코 94코를 만들어 메리야스뜨기 한다.
2. 몸판을 자주빛레드 8단→진주황 16단→자주빛레드 32단→피치 16단→베이지 16단→미모사옐로 16단→핑크 32단→자주빛레드 16단→피치핑크 16단→핑크로 배색한다.
3. 2와 동시에 1코씩 2번 줄이기→12단마다 1코씩 7번 줄이며 옆선을 줄인다.
4. 112단 76코가 된다. 124단(41.5cm) 될 때까지 이어 뜬다.
5. 125단은 겉뜨기로 76코 뜬 다음 감아코 만들기로 13코 만든다. (총 89코)
6. 160단(53.5cm)까지 메리야스뜨기로 이어 뜬다. (총 102코)
7. 161단에서 겉뜨기로 45코 뜨고 12코 코막음한 다음 남은 코로 다음과 같이 한쪽 어깨씩 앞목줄임을 한다.
   : 목둘레 쪽으로 2단마다 3코씩 2번 줄이기→2단마다 2코씩 2번 줄이기→2단마다 1코씩 1번 줄이기
8. 170단 34코가 된다. 172단까지 이어 뜬다.

9. 173단부터 다음과 같이 되돌아뜨기(왼쪽 아래로 경사)하여 어깨처짐을 준다.
   : 2단마다 8코씩 2번 되돌아뜨기→2단마다 9코씩 2번 되돌아뜨기 (어깨 : 34코씩)
10. 180단에서 남아 있는 34코를 안전핀에 걸어둔다.
11. 7에서 바늘에 남아 있는 45코도 위와 같은 방법으로 대칭되게 뜬 다음 남은 코는 안전핀에 걸어둔다.

주머니
1. 자주빛레드색 실과 대바늘 3.5mm로 시작코 21코를 만들어 메리야스뜨기로 30단 뜬다.
2. 느슨하게 코막음하여 마무리한다.
3. 같은 방법으로 1장 더 뜬다.

연결하기
1. 앞판과 뒤판 어깨를 연결한다.
2. 소매단 : 자주빛레드색 실과 대바늘 3mm로 소매끝단에서 시작코 76코를 잡는다. 1코/1코 고무단으로 4단 (1.5cm) 뜬 후 다음 단에서 느슨하게 코막음한다.
3. 자주빛레드색 실과 대바늘 3mm로 목둘레에서 시작코 96코를 잡는다. 1코/1코 고무단으로 4단(1.5cm) 뜬 후 다음 단에서 느슨하게 코막음해 목둘레 밴드를 뜬다.
4. 몸판 옆선과 소매 아랫선을 이어서 꿰맨다.
5. 주머니를 앞판 아래에서 2번째 자주빛레드색 부분 6번째 단에 놓고 돗바늘로 박음질한다.

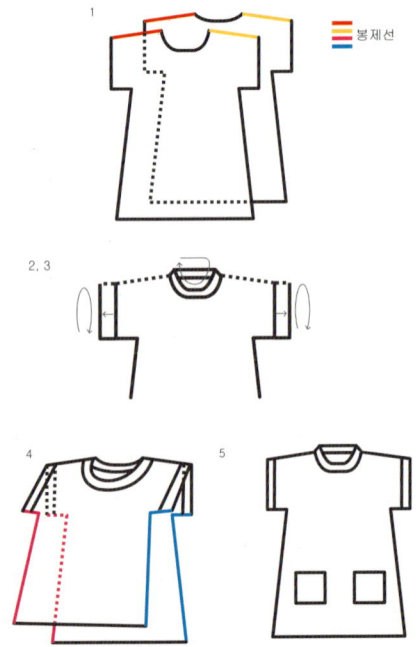

09
그물 패턴 니트
Pull

시원한 그물 모양 짜임의 니트는
쉽고 빨리 뜰 수 있어 초보자에게
권할 만한 아이템이에요.
몸에 딱 붙지 않도록 여유 있게
뜨는 것이 포인트! 목둘레와 끝단은
돌돌 말리게 해 자연스러운 멋을 냈어요.
끝단으로 내려올수록 품이 좁아져
플레어스커트나 원피스 위에
입어도 예쁘답니다.

How to make

그물 패턴 니트

사이즈 6세(키 114cm)

준비물
실 : 필다르사 알비조(AVISO : 코튼 60%, 아크릴 40%)
오팔(Opale) 7볼
대바늘 4.5mm와 5mm, 마커링, 안전핀
*응용무늬 게이지(대바늘 5mm) 12.5코 24단

사용한 기법
1코/1코 고무단, 메리야스뜨기, 바늘비우기, 안뜨기로 2코 모아뜨기, 오른코 줄이기, 왼코 줄이기(2코 모아뜨기), 코 늘리기

응용무늬뜨기
전체 콧수는 짝수로 한다.
1단(겉면) : 시접코 1코→(바늘비우기 1번→안뜨기로 2코 모아뜨기)×1코 남을 때까지 반복→시접코 1코
2단 : 시접코 1코→(바늘비우기 1번→안뜨기로 2코 모아뜨기)×1코 남을 때까지 반복→시접코 1코
*2단을 반복한다.

만들기
뒤판
1. 대바늘 5mm로 시작코 48코를 만들어 메리야스뜨기로 4단(1.5cm) 뜬다. (롤링 아랫단 완성)
2. 다음 단부터 1단으로 세고 응용무늬로 이어 뜬다. (《응용무늬뜨기》 참고)
3. 롤링아랫단에서 시작해 높이 68단(28.5cm)까지 뜬 다음 양쪽에서 4코씩 코막아 진동줄임 한다. 40코가 남는다.
4. 102단(42.5cm)까지 뜬 다음 103단에서 16코 뜬다. 한쪽 어깨씩 8코 코막음 한다. 남은 코로 목둘레쪽에서 2단 마다 5코씩 1번 줄이기 한다.
5. 104단 11코가 된다.
6. 108단(44.5cm)까지 뜬 다음 남은 11코 모두 안전핀에 걸어둔다.
7. 4에서 바늘에 남아 있는 16코도 같은 방법으로 대칭되게 뜬 다음 안전핀에 걸어둔다.

응용무늬뜨기

| | =겉면에서는 겉뜨기 안쪽 면에서는 안뜨기
| O | =바늘비우기
| ⋌ |=| ⋋ | =안뜨기로 2코 모아뜨기

How to make

앞판

1~3. 뒤판과 동일하게 뜬다. 40코가 남는다.
4. 92단(38.5cm)까지 뜬 다음 93단에서 16코 뜬다. 한쪽 어깨씩 8코 코막음한다. 남은 코로 목둘레쪽으로 2단마다 2코씩 1번 줄이기→2단마다 1코씩 2번 줄이기→4단마다 1코씩 1번 줄이기 한다.
5. 102단 11코가 된다.
6. 108단(44.5cm)까지 뜬 다음 남은 11코를 모두 안전핀에 걸어둔다.
7. 4에서 바늘에 남아 있는 16코도 같은 방법으로 대칭되게 뜬 다음 안전핀에 걸어둔다.

소매

1. 대바늘 4.5mm로 시작코 28코를 만들어 1코/1코 고무단으로 10단(4cm) 뜬다. 고무단의 시작과 끝은 겉뜨기 1코씩으로 한다.
2. 다음 단부터 대바늘 5mm로 바꾸고 1단으로 센다.
3. 양쪽에서 10단마다 1코씩 6번 늘리며 응용무늬로 이어 뜬다. (《69 페이지 응용무늬뜨기》 참고)
4. 고무단을 제외하고 60단 40코가 된다.
5. 72단(30cm)까지 뜬 다음 양쪽 가장자리에 마커링을 걸어놓는다.
6. 80단(33cm)까지 뜬 다음 모든 코를 코막음한다.
7. 같은 방법으로 1장 더 뜬다.

연결하기

1. 앞판과 뒤판 어깨를 연결한다.
2. 몸판 옆선과 소매 옆선을 꿰맨다.
3. 몸판에 소매를 달아준다. 소매 마커링으로 표시해둔 부분이 몸판 진동의 코막음한 부분과 일치하도록 꿰맨다.
4. 대바늘 5mm로 목둘레에서 시작코 62코를 잡아 메리야스뜨기로 4단(1.5cm) 뜬다. 다음 단에서 느슨하게 코막음해 목둘레 밴드를 뜬다.

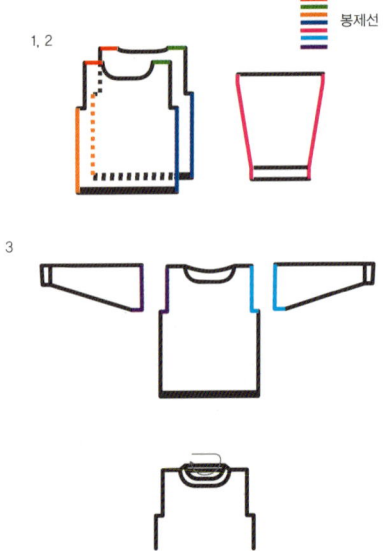

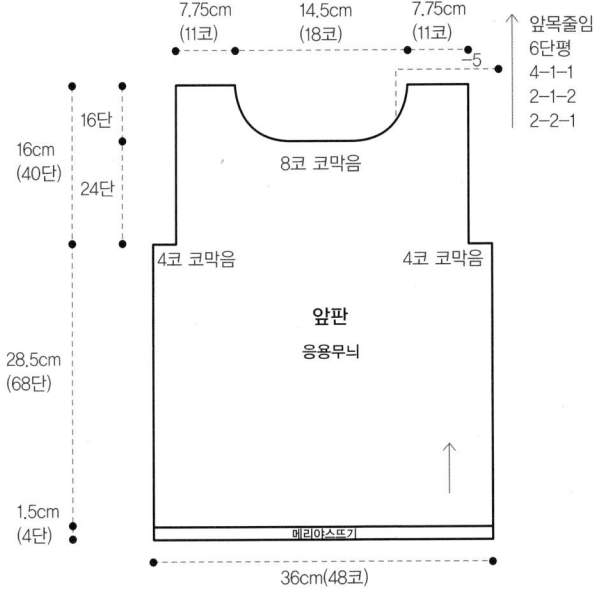
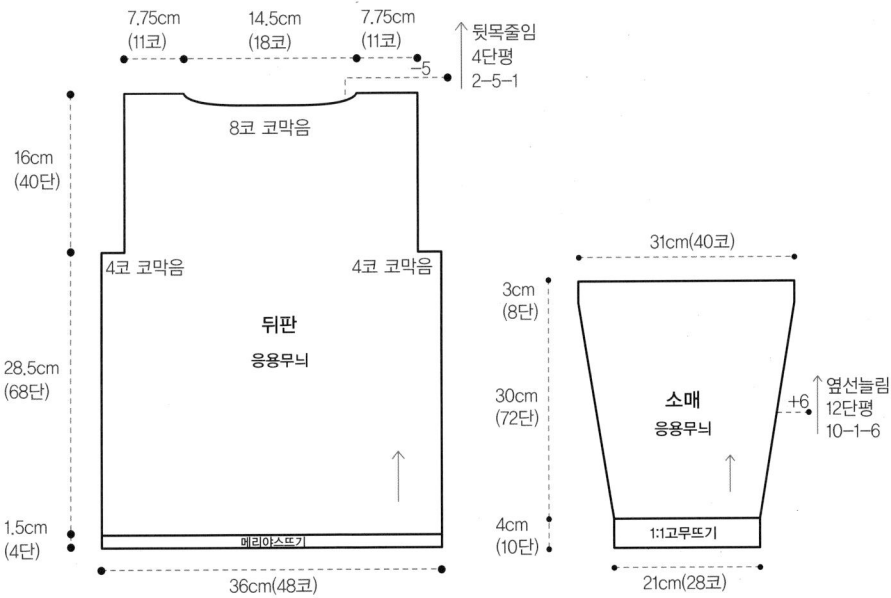

Sewing Level 2
VARIETY

다양한 패턴과 캐릭터 뜨기로 완성도 올리기

레터링 후드 니트, 볼레로, 홀터넥 민소매티…
웬만한 브랜드 부럽지 않은 멋스러운 아이웃도 만들 수 있어요!

❄ 능숙한 패턴, 캐릭터 뜨기를 위해 꼭 알아야 할 뜨개법 ❄

메리야스 스티치 수놓기

 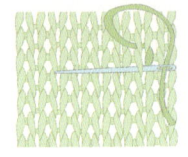 

1 코 가운데로 바늘을 빼서 위쪽 코 아래로 바늘을 통과시킨다.

2 처음 뺀 곳에 다시 바늘을 넣는다.

3 다음 코 가운데로 바늘을 뺀다.

코 줄이기

중심3코 모아뜨기

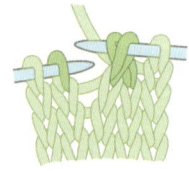 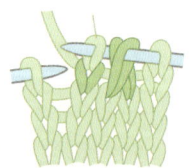 

1 오른쪽 바늘에 2코를 그림과 같이 옮긴다.

2 3번째 코를 겉뜨기로 뜬 다음 1을 덮어씌운다.

3 완성된 모습.

아이코드 뜨기

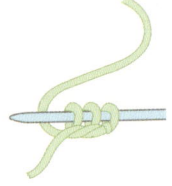 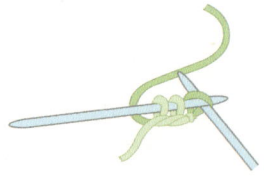 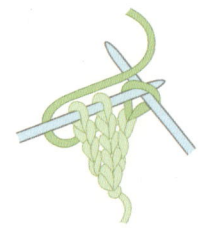

1 코를 잡는다. (굵기에 따라 3코, 5코 가능)

2 편물을 그대로 놓는다. 바늘 끝으로 코를 보낸 다음 실을 바짝 당겨 끝까지 겉뜨기한다.

3 1~2를 반복하며 겉뜨기 한다.

되돌아뜨기

오른쪽 아래로 경사

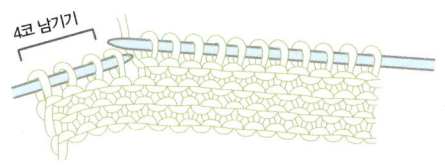

1 1단에서 4코 남긴다.

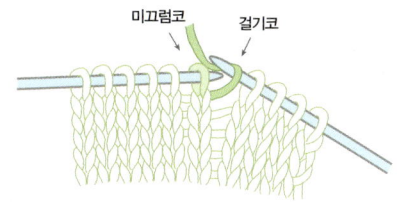

2 뒤로 돌려 2단째 뜬다. 그림과 같이 걸기코를 만든다. 미끄럼코는 뜨지 않고 오른쪽 바늘로 옮겨준다.

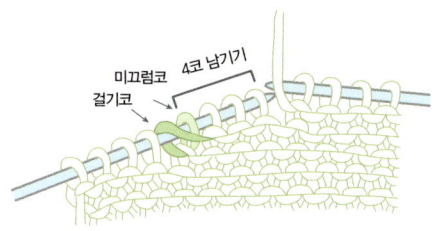

3 3단째에서 다시 4코 남긴다.

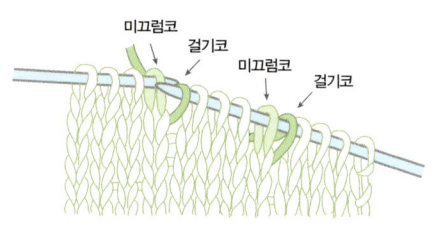

4 2와 같이 걸기코를 만들고 미끄럼코는 뜨지 않는다. 같은 방법으로 6단째까지 뜬다.

5 그림과 같이 코 위치를 바꾼 다음 2코를 한꺼번에 뜨면서 정리단을 만든다.

6 완성된 모습.

왼쪽 아래로 경사

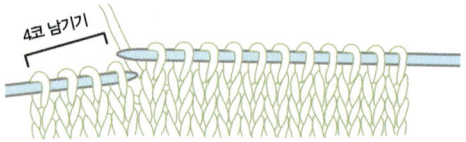

1 1단째에서 4코 남긴다.

2 뒤로 돌려 2단째 뜬다. 그림과 같이 걸기코를 만든다. 미끄럼코는 뜨지 않고 오른쪽 바늘로 옮겨준다.

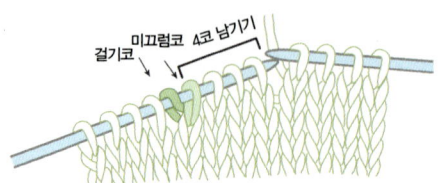

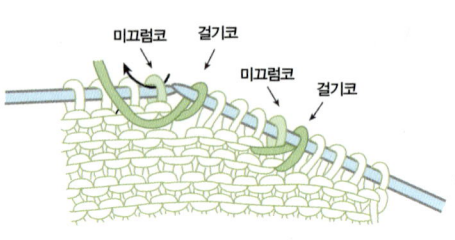

3 3단째에서 다시 4코를 남긴다.

4 2와 같이 걸기코를 만들고 미끄럼코는 뜨지 않는다. 같은 방법으로 6단째까지 뜬다.

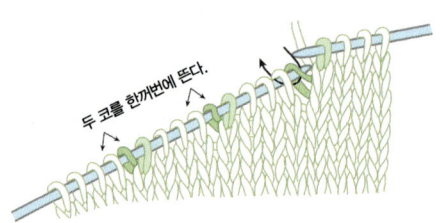

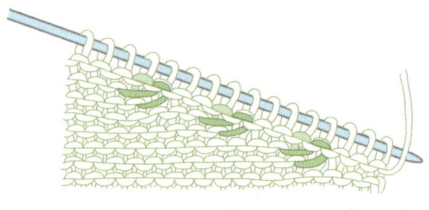

5 그림과 같이 2코를 한꺼번에 뜨면서 정리단을 만든다.

6 완성된 모습.

코바늘뜨기

사슬뜨기

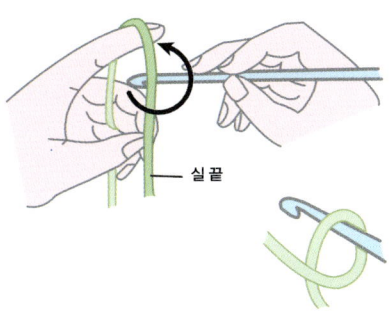

1 화살표 방향으로 바늘을 1회 돌려 실을 감는다.

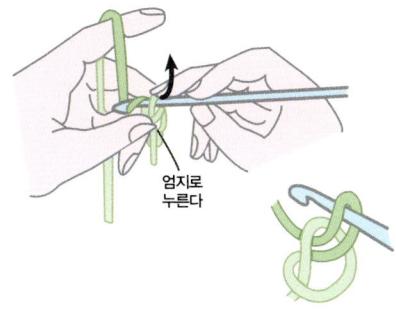

2 바늘 코에 실을 걸어 화살표 방향으로 끌어낸 다음 끝을 잡아당기며 실을 조인다.

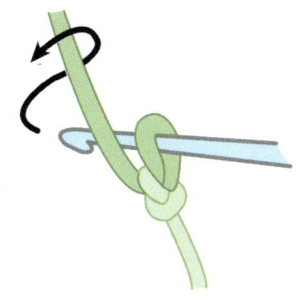

3 화살표 방향으로 바늘을 움직여 실을 건다.

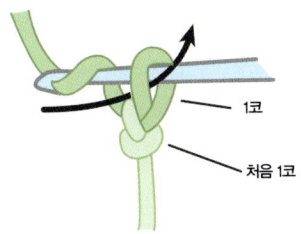

4 루프 속으로 실을 끌어내면 1코 완성.

1길 긴뜨기

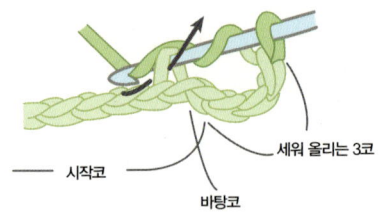

— 시작코
바탕코
세워 올리는 3코

1 바늘에 실을 걸어 코 왼쪽 사슬 뒷산에 넣는다. 화살표 방향으로 실을 끌어낸다.

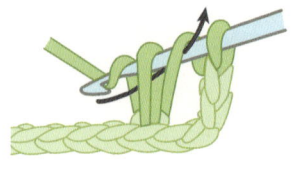

2 바늘 코에 실을 걸어 루프 2개만 빼뜬다.

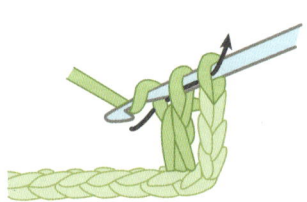

3 실을 또 건다. 남아 있는 루프 2개 사이로 한번에 빼낸다.

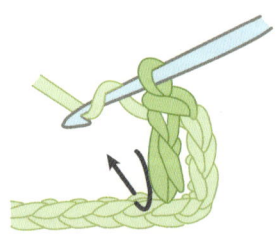

4 완성된 모습.

코바늘뜨기

빼뜨기

1 화살표 방향으로 바늘을 넣는다.

2 코에 실을 걸어서 화살표 방향으로 한번에 빼뜬다.

3 화살표에 바늘을 넣어 1~2를 반복한다.
(2코째 완성)

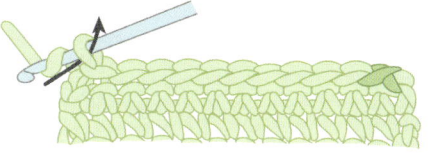

4 3을 끝까지 반복한다.

01
니트 베리에이션
Pull

기본 니트에 엄마가 디자인한 여러 가지 장식을 달아 변화를 줘보는 건 어떨까요? 메리야스뜨기로 기본 니트를 만들고 끝단은 코막음으로 마무리해요. 여기에 레이스 칼라, 꽃, 보타이를 달면 하의에 따라 세 가지 느낌을 연출할 수 있으니 일석삼조가 되겠죠.

How to make

니트 베리에이션

사이즈 6개월 (키 67cm)

준비물
실 : 필다르사 코튼3(PHIL COTON 3 : 코튼 100%)
　　니트 : 아이보리(Ecru) 3볼
　　장식 : 아이보리(Eru) 1볼, 코랄핑크(Corail) 1볼, 파우더핑
　　　　크(Poudre) 1볼, 그레이(Mercure) 1볼, 소프트블
　　　　루(Azur) 1볼
대바늘 3mm, 코바늘 4호, 마커링, 안전핀, 스냅단추(지름 9mm) 5개
*메리야스 게이지(대바늘 3mm) 26코 35단

사용한 기법
메리야스뜨기, 오른코 줄이기, 왼코 줄이기(2코 모아뜨기), 코 늘리기
코바늘 : 사슬뜨기, 빼뜨기, 짧은뜨기, 긴뜨기, 1길 긴뜨기, 2길 긴뜨기

만들기
몸판
1장으로 뜬다.
1. 아이보리색 실과 대바늘 3mm로 시작코 142코를 만들어 메리야스뜨기 한다.
2. 52단(15cm)까지 뜬 다음 53단부터 양쪽 38코씩 안전핀에 걸어둔다. 가운데 66코(앞판)는 양쪽에서 3코 코막음→2단마다 2코씩 1번 줄이기→2단마다 1코씩 2번 줄이기 한다.
3. 60단 52코가 된다. 84단(24cm)까지 이어 뜬다.
4. 85단 겉뜨기로 19코 뜨고 14코 코막음 한 후 남은 코로 다음과 같이 한쪽 어깨씩 앞목줄임 한다.
　: 목둘레 쪽으로 2단마다 3코씩 1번 줄이기→2단마다 2코씩 1번 줄이기→2단마다 1코씩 1번 줄이기→4단마다 1코씩 1번 줄이기

5. 94단(27cm) 12코가 된다.
6. 95단부터 다음과 같이 되돌아뜨기(왼쪽 아래로 경사)해 어깨처짐을 준다. 남은 코는 안전핀에 걸어둔다.
　: 2단마다 4코씩 3번 되돌아뜨기 (어깨 : 12코)
7. 4에서 남아 있는 19코도 같은 방법으로 대칭되게 뜬 다음 남은 코는 안전핀에 걸어둔다.
8. 2번 오른쪽 안전핀에 걸어둔 38코(왼쪽 뒤판)로 왼쪽에서 3코 코막음→2단마다 2코씩 1번 줄이기→2단마다 1코씩 2번 줄이기 한다.
9. 60단 31코가 된다. 94단(27cm)까지 이어 뜬다.
10. 95단부터 다음과 같이 되돌아뜨기(왼쪽 아래로 경사)해 어깨처짐을 준다. 남은 코는 안전핀에 걸어둔다.
　: 2단마다 4코씩 3번 되돌아뜨기 (어깨 : 12코)
11. 10과 목둘레 쪽에서 10코 코막음 → 2단마다 9코씩 1번 줄이기를 동시에 한다.
12. 100단에 남아 있는 12코를 안전핀에 걸어둔다.
13. 2번 왼쪽 안전핀에 걸어둔 38코(오른쪽 뒤판)로 위와 대칭되게 작업한다. 남은 코는 안전핀에 걸어둔다.

소매
1. 아이보리색 실과 대바늘 3mm로 시작코 48코를 만든다. 양쪽에서 8단마다 1코씩 7번 옆선을 늘리며 메리야스뜨기 한다.
2. 56단 62코가 된다. 62단(17.5cm)까지 이어 뜬다.
3. 63단부터 다음과 같이 양쪽을 줄이며 소매산을 만든다.
　: 양쪽으로 4코 코막음→2단마다 4코씩 1번 줄이기→2단마다 3코씩 1번 줄이기→2단마다 2코씩 1번 줄이기→2단마다 3코씩 1번 줄이기→2단마다 4코씩 2번 줄이기
4. 전체높이 76단(21.5cm)이 된다. 다음 단에서 남아 있는 14코 모두 코막음한다.
5. 같은 방법으로 1장 더 뜬다.

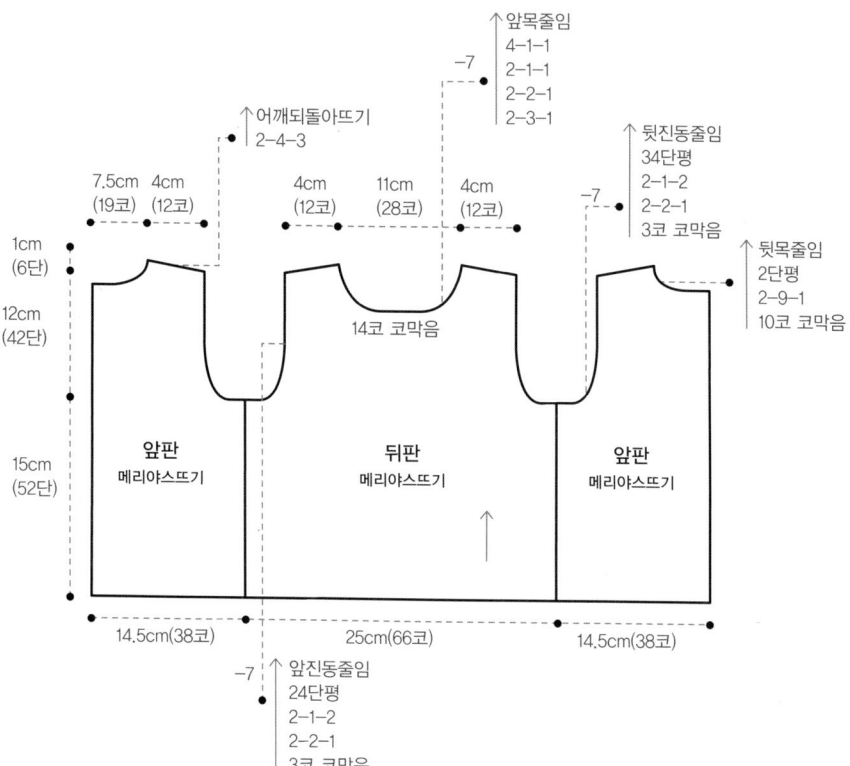
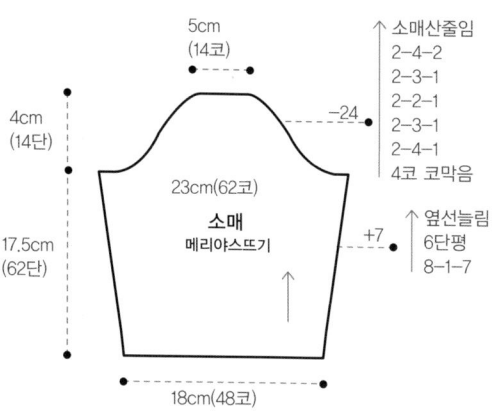

칼라

1. 아이보리색 실과 코바늘 4호로 그림 도안을 따라 뜬다. (〈칼라 도안〉 참고)
2. 실을 자르고 마무리한다.

꽃

1. 아이보리색 실과 코바늘 4호로 다음과 같이 뜬다. (〈작은 꽃잎, 큰 꽃잎 도안〉 참고)

작은 꽃잎
   ① 사슬뜨기 11코로 시작한다.
   ② 1단 : 짧은뜨기 1코→(코마다 1길 긴뜨기 3코씩)×9 →짧은뜨기 1코
   ③ 실을 자르고 마무리한다.

큰 꽃잎
   ① 사슬뜨기 14코로 시작한다.
   ② 1단 : 짧은뜨기 1코→(코마다 1길 긴뜨기 3코씩)×12 →짧은뜨기 1코
   ③ 실을 자르고 마무리한다.

보타이

1. 그레이색 실과 코바늘 4호로 다음과 같이 뜬다. (〈보타이 도안〉 참고)
   ① 사슬뜨기 15코로 시작한다.
   ② 1~7단 : 사슬뜨기 1개(기둥코)→짧은뜨기 15코
   ③ 실을 자르고 마무리한다.
2. 가운데를 실로 여러 번 감은 후 고정한다.

별

1. 스카이블루색 실과 코바늘 4호로 그림 도안을 따라 뜬다. (〈별 도안〉 참고)
2. 별의 가장자리로 빼뜨기 1단을 돌려 뜬다.
3. 실을 자르고 마무리한다.

연결하기

1. 앞판과 뒤판의 어깨를 연결한다.
2. 아이보리색 실과 대바늘 3mm로 목둘레에서 시작코 73코를 잡은 후 바로 다음 단에서 모든 코를 코막음한다.
3. 소매의 옆선을 꿰맨 다음 소매를 몸판의 진동둘레에 달아준다.
4. 뒤여밈을 따라 1코(시접코)씩 안면으로 접어 봉제실로 감침질하며 고정한다.
5. 뒤여밈이 2cm 겹치도록 놓은 다음 스냅단추 5개를 일정한 간격을 두고 꿰맨다.

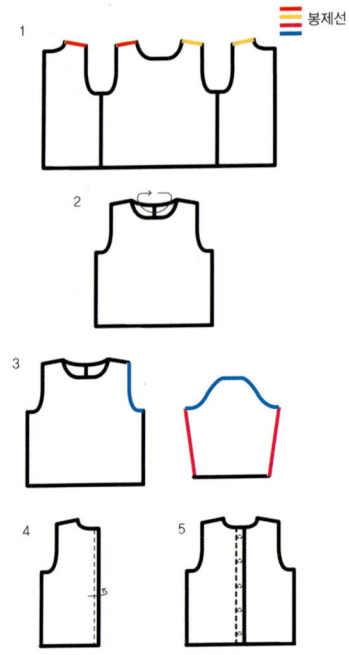

작은 꽃잎

큰 꽃잎

○ 사슬뜨기
+ 짧은뜨기
• 빼뜨기
┃ 긴뜨기
1길 긴뜨기
2길 긴뜨기

칼라

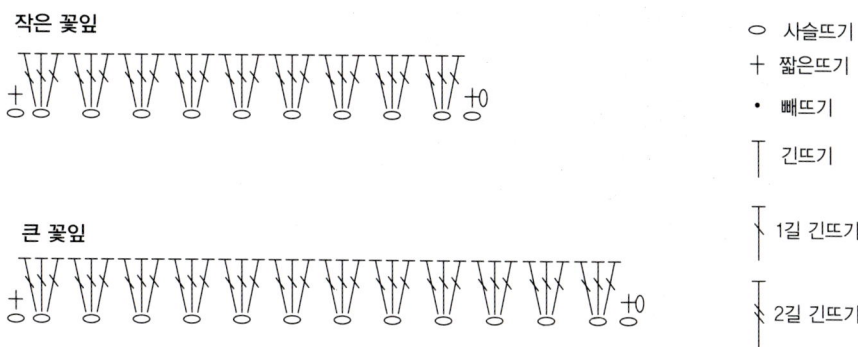

보타이

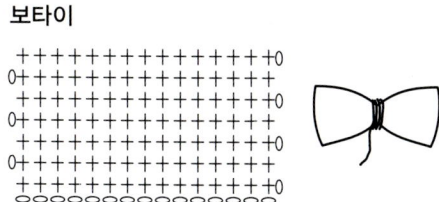

별   새실 걸기

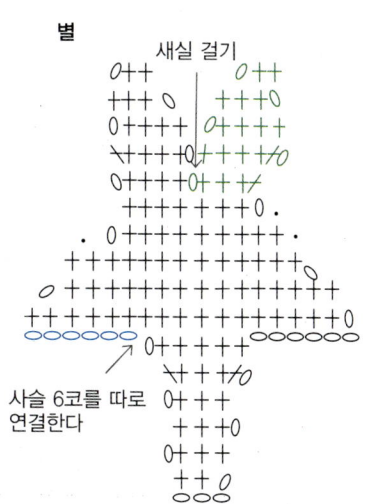

사슬 6코를 따로 연결한다

02
베이식 후드 니트
Pull à capuche

남자아이, 여자아이 모두
멋스럽게 입을 수 있는 필수
캐주얼 아이템이에요. 품을
넉넉하게 잡고 목을 V라인으로
디자인해 활동하기
편하게 만들어요. 목에서
후드로 이어지는 테두리와
아랫단은 안뜨기로 깔끔하게
마감하고 포인트색 실로 끈을
달아 센스 UP!

How to make

베이식 후드 니트

사이즈 2세(키 86cm)
준비물
실 : 필다르사 파트너 베이비(PARTNER BABY : 폴리아미드 50%, 울 25%, 아크릴 25%) 라이트그레이(Galet) 5볼
필다르사 코튼 3(PHIL COTON 3 : 코튼 100%) 옐로그린 조금
대바늘 2.5mm, 돗바늘
*메리야스 게이지(대바늘 2.5mm) 33코 44단

사용한 기법
가터뜨기, 메리야스뜨기, 오른코 줄이기, 왼코 줄이기(2코 모아뜨기), 코 늘리기

만들기
뒤판
1. 라이트그레이색 실과 대바늘 2.5mm로 시작코 110코를 만들어 가터뜨기로 6단(1.5cm) 뜬다.
2. 7단부터 34단(7.5cm)까지 가터뜨기 10코→메리야스뜨기 90코→가터뜨기 10코 뜬다.
3. 35단부터 모든 코를 메리야스뜨기로 이어 뜬다.
4. 전체 높이 96단(22cm)까지 뜬 다음 97단부터 양쪽에서 3코씩 코막음→2단마다 2코씩 1번 줄이기→2단마다 1코씩 3번 줄이기 한다.
5. 총 106단 94코가 된다. 전체 높이 158단(36cm)까지 이어 뜬다.
6. 159단에서 겉뜨기로 37코를 뜨고 20코를 코막음한 후 남은 코로 다음과 같이 되돌아뜨기(왼쪽 아래로 경사) 하여 어깨처짐을 준다. 한쪽씩 작업한다.
   : 2단마다 8코씩 3번 되돌아뜨기 (어깨 : 24코씩)
7. 6번의 어깨처짐과 목둘레 쪽으로 2단마다 13코씩 1번 줄이기를 동시에 한다
8. 164단에서 남아 있는 24코는 안전핀에 걸어둔다.
9. 6에서 바늘에 남아 있는 37코도 같은 방법으로 대칭되게 떠서 남은 코는 안전핀에 걸어둔다.

앞판
1. 라이트그레이색 실과 대바늘 2.5mm로 시작코 110코를 만들어 가터뜨기로 6단(1.5cm) 뜬다.
2. 7~34단(7.5cm)까지 가터뜨기 10코→메리야스뜨기 90코→가터뜨기 10코 뜬다.
3. 35~96단(22cm)까지 모든 코를 메리야스뜨기로 이어 뜬다.
4. 97단에서 처음 55코는 뜨고 남은 55코는 안전핀에 걸어둔다. 오른쪽 바늘에 걸린 55코는 메리야스뜨기 45코→가터뜨기 10코로 이어 뜬다.
5. 4와 오른쪽에서 3코 코막음→2단마다 2코씩 1번 줄이기→2단마다 1코씩 3번 줄이기를 동시에 한다.
6. 총 106단 47코가 된다. 전체 높이 140단(32cm)까지 이어 뜬다.
7. 141단에서 가터뜨기 10코는 안전핀에 걸어두고 다음과 같이 앞목줄임 한다.
   : 목둘레 쪽으로 2단마다 3코씩 1번 줄이기→2단마다 2코씩 2번 줄이기→2단마다 1코씩 5번 줄이기→4단마다 1코씩 1번 줄이기
8. 160단 24코가 된다.
9. 7번 앞목줄임 하다가 158단(36cm)까지 뜨면, 159단부터 다음과 같이 되돌아뜨기(오른쪽 아래로 경사)해 어깨처짐을 준다.
   : 2단마다 8코씩 3번 되돌아뜨기 (어깨 : 24코씩)
10. 164단에서 남아 있는 24코를 안전핀에 걸어둔다.
11. 7에서 안전핀에 걸어둔 10코를 메리야스뜨기 쪽으로 1코 늘려준다.(총 11코) 가터뜨기로 100단을 더 뜬다. 다음 단에서 모두 코막음한다.
12. 4에서 안전핀에 걸어둔 55코도 위와 같은 방법으로 대칭되게 뜬다.

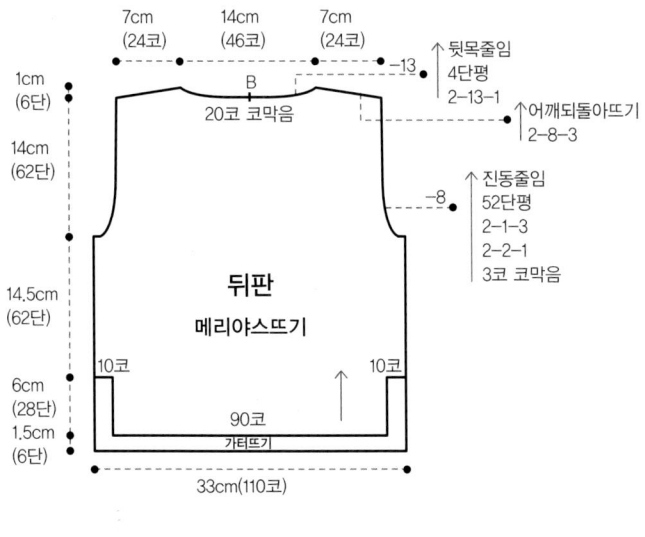
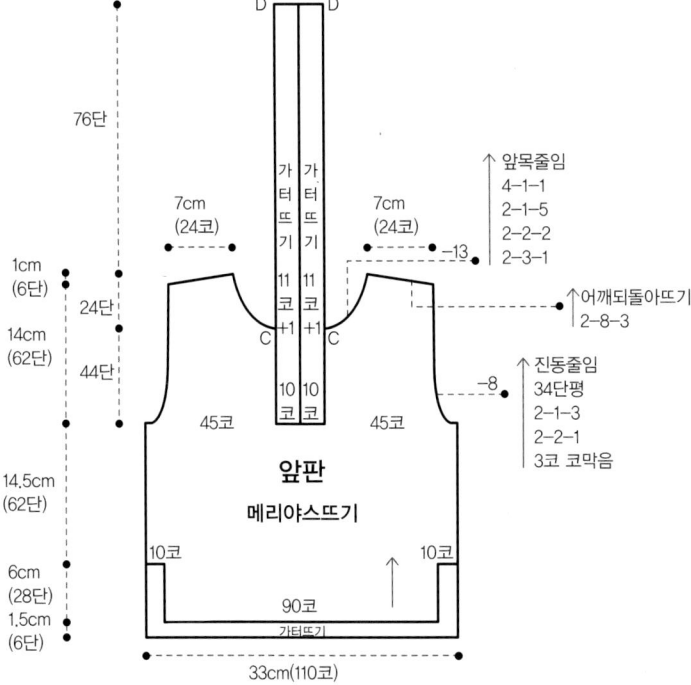

소매

1. 라이트그레이색 실과 대바늘 2.5mm로 시작코 67코를 만든다. 메리야스뜨기로 다음과 같이 양쪽으로 늘리며 뜬다.
   : 양쪽에서 8단마다 1코씩 9번 늘리기→6단마다 1코씩 3번 늘리기
2. 총 90단 91코가 된다.
3. 전체높이 96단(22cm)까지 뜬 후 97단부터 양쪽으로 다음과 같이 줄이며 소매산을 만든다.
   : 양쪽에서 5코 코막음→2단마다 4코씩 2번 줄이기→2단마다 3코씩 3번 줄이기→2단마다 4코씩 2번 줄이기→2단마다 5코씩 1번 줄이기
4. 전체높이 114단(26cm)이 된다. 다음 단에서 남아 있는 21코 모두 코막음한다.
5. 같은 방법으로 1장 더 뜬다.

후드

1. 라이트그레이색 실과 대바늘 2.5mm로 시작코 150코를 만들어 메리야스뜨기로 66단(15cm) 뜬다.
2. 67단에서 마지막 75코는 안전핀에 걸어둔다. 오른쪽 바늘에 걸린 75코만 양쪽에서 2단마다 2코씩 3번 줄이기→2단마다 1코씩 3번 줄이며 뜬다.
3. 78단(18cm) 57코가 된다. 다음 단에서 모든 코를 코막음한다.
4. 2에서 안전핀에 걸어둔 75코도 같은 방법으로 뜬다.

후드 끈

1. 옐로그린색 실 3가닥을 땋아 끈(75cm)을 만든다.
2. 후드 가터뜨기 밴드의 가장자리 2코 들어간 부분에서 코 사이사이로 끈을 통과시킨다.

연결하기

1. 앞판과 뒤판의 어깨를 연결한다.
2. 몸판 옆선(메리야스뜨기 부분만)과 소매의 옆선을 꿰맨다.
3. 소매를 몸판 진동둘레에 연결한다.
4. 후드 A~B를 꿰매 모양을 만든다.
5. 4를 목둘레에 고정하는데 후드 B와 C점을 각각 맞춰 꿰맨다.
6. 앞판 가터뜨기 밴드를 후드 입구에 고정하는데, D점끼리 맞춰 꿰맨다.

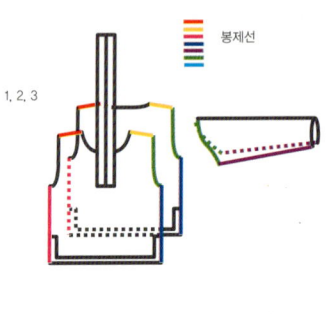

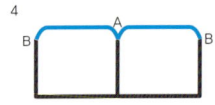

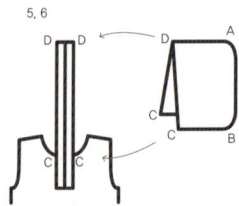

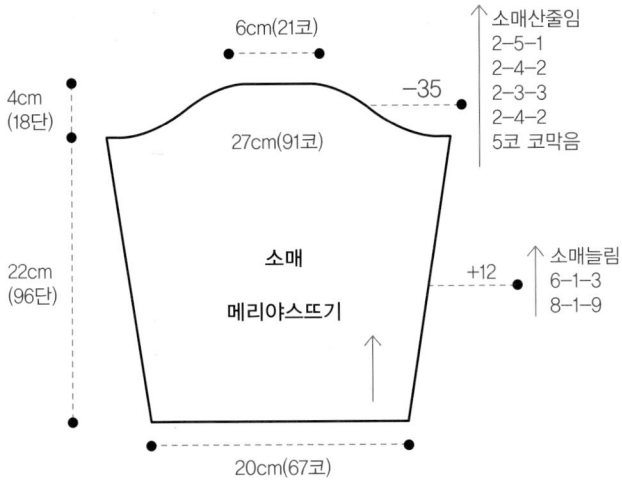
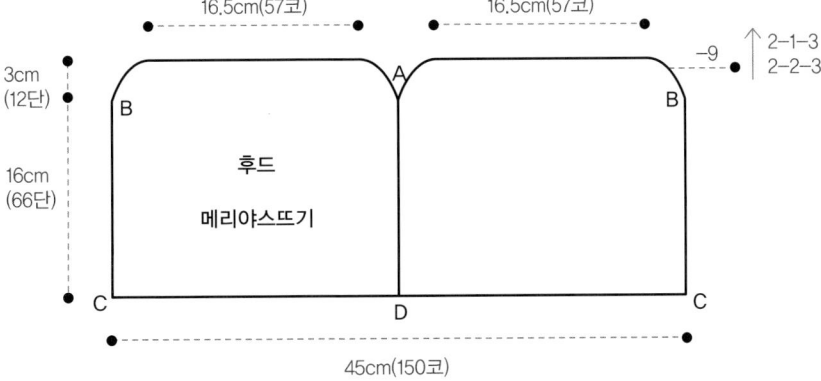

03
원피스와 블루머 헤어밴드
Robe & Bloomer & Bandeau

아이옷 중에서 무늬와 칼라가 없는 원피스는 겉뜨기와 안뜨기만 알면
누구나 뜰 수 있을 만큼 쉬워요. 디자인이 너무 밋밋하다면
리본끈으로 포인트를 주고, 눈꽃송이 무늬를 넣은 블루머를 코디해요.
노란 장미가 달린 헤어밴드를 매치해 색다른 분위기를 연출해도 좋아요.
여기에 블랙 카디건을 걸치면 고급 브랜드 못지않은
쓰리피스 정장 느낌도 낼 수 있어요.

How to make

원피스

사이즈 2세(키 86cm)

준비물
실 : 필다르사 코톤 3(PHIL COTON 3 : 코튼 100%) 라이트
그레이(Perle) 4볼, 블랙(Noir) 1볼
대바늘 3.5mm와 2.5mm, 마커링, 안전핀
*메리야스 게이지(대바늘 3.5mm) 25코 33단
*메리야스 게이지(대바늘 2.5mm) 27코 36단

사용한 기법
메리야스뜨기, 오른코 줄이기, 왼코 줄이기(2코 모아뜨기),
코 늘리기

만들기

뒤판

1. 라이트그레이색 실과 대바늘 3.5mm로 시작코 103코를 만든다. *양쪽으로 시접코 1코씩 남기고 8단마다 1코씩 10번 줄이기→6단마다 1코씩 4번 줄이며 메리야스뜨기 한다.

   *양쪽으로 시접코 1코씩 남기기 : 겉뜨기 1코→2코 모아뜨기→3코 남을 때까지 겉뜨기→오른코 줄이기→겉뜨기 1코

2. 104단 75코가 된다. 110단(33.5cm)까지 이어 뜬다.
3. 111단에서 블랙 실과 대바늘 2.5mm로 바꾸어 메리야스뜨기로 3단 뜬다.
4. 114단(안면)에서 라이트그레이색 실로 바꾸어 메리야스뜨기(안뜨기)로 1단 뜬다.
5. 115단부터 양쪽에서 4코씩 코막음→2단마다 3코씩 1번 줄이기→2단마다 2코씩 1번 줄이기→2단마다 1코씩 1번 줄이며 *무늬뜨기 한다.

   *무늬뜨기 : 겉뜨기 21코→안뜨기 2코→겉뜨기 3코→안뜨기 2코→겉뜨기 19코→안뜨기 2코→겉뜨기 3코→안뜨기 2코→겉뜨기 21코

6. 122단 55코가 된다. 142단(42.5cm) 될 때까지 무늬뜨기로 이어 뜬다.
7. 한쪽 어깨씩 143단에서 겉뜨기로 11코 뜨고 33코는 코막음한 다음 남은 11코로 이어 뜬다.
8. 164단(48.5cm)까지 뜬 다음 남은 11코는 안전핀에 걸어둔다.
9. 7에 남아 있는 11코도 164단(48.5cm)까지 뜬 다음 남은 코는 안전핀에 걸어둔다.

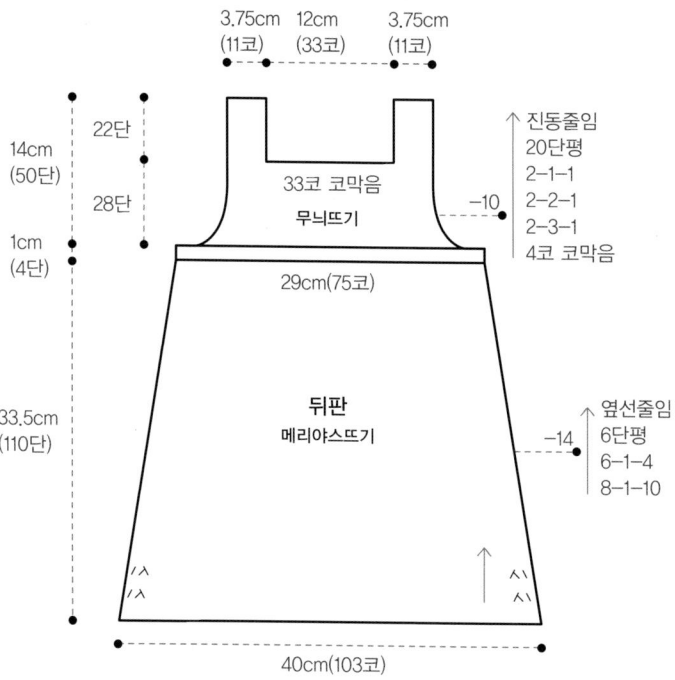

앞판

1. 라이트그레이색 실과 대바늘 3.5mm로 시작코 103코를 만든다. 양쪽에 시접코 1코씩 남기고 양쪽 20단마다 1코씩 1번 늘리기→18단마다 1코씩 4번 늘리며 메리야스뜨기 한다.
2. 92단 113코가 된다. 110단(33.5cm)까지 메리야스뜨기로 이어 뜬다.
3. 111단에서 겉뜨기 18코→13코 코막음→겉뜨기 19코→13코 코막음→겉뜨기 19코→13코 코막음→겉뜨기 18코 (남은 코 : 74코) 뜨기 하며 앞주름을 만든다.
4. 112단은 벌어져 있는 부분을 잘 당겨가며 메리야스뜨기(안뜨기)로 뜨는데, 중앙에서 1코를 늘린다. (총 75코)
5. 113단에서 블랙 실과 대바늘 2.5mm로 바꾸어 메리야스뜨기로 3단 뜬다.
6. 116단(안면)은 라이트그레이색 실로 바꾸어 메리야스뜨기(안뜨기)로 1단 뜬다.
7. 117단부터 양쪽 4코씩 코막음→2단마다 3코씩 1번 줄이기→2단마다 2코씩 1번 줄이기→2단마다 1코씩 1번 줄이며 *무늬뜨기 한다.
   *무늬뜨기 : 겉뜨기 21코→안뜨기 2코→겉뜨기 3코→안뜨기 2코→겉뜨기 19코→안뜨기 2코→겉뜨기 3코→안뜨기 2코→겉뜨기 21코
8. 124단 55코가 된다. 144단(43cm)이 될 때까지 무늬뜨기로 이어 뜬다.
9. 한쪽 어깨씩 145단에서 겉뜨기로 11코 뜨고 33코는 코막음한 다음 남은 11코로 이어 뜬다.
10. 166단(49cm)까지 뜬 다음 남은 11코를 안전핀에 걸어둔다.
11. 9에 남아 있는 11코도 166단(49cm)까지 뜬 다음 남은 코는 안전핀에 걸어둔다.

연결하기

1. 앞판과 뒤판 어깨를 연결한다.
2. 몸판 옆선을 꿰맨다.
3. 앞판 주름 부분을 안쪽 면에서 고정한다.
4. 블랙 실과 대바늘 2.5mm로 4코 아이코드 28cm를 만든다.
5. 아이코드로 리본 모양을 만들어 앞판 블랙라인 위에 꿰맨다.

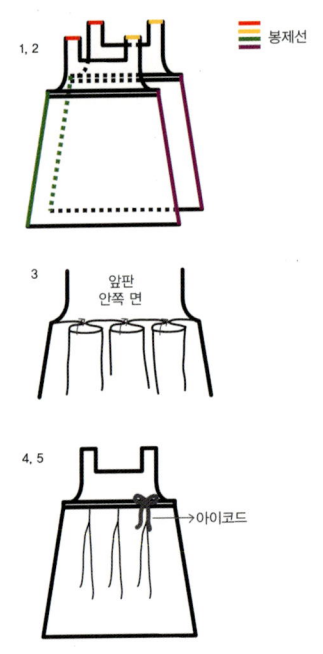

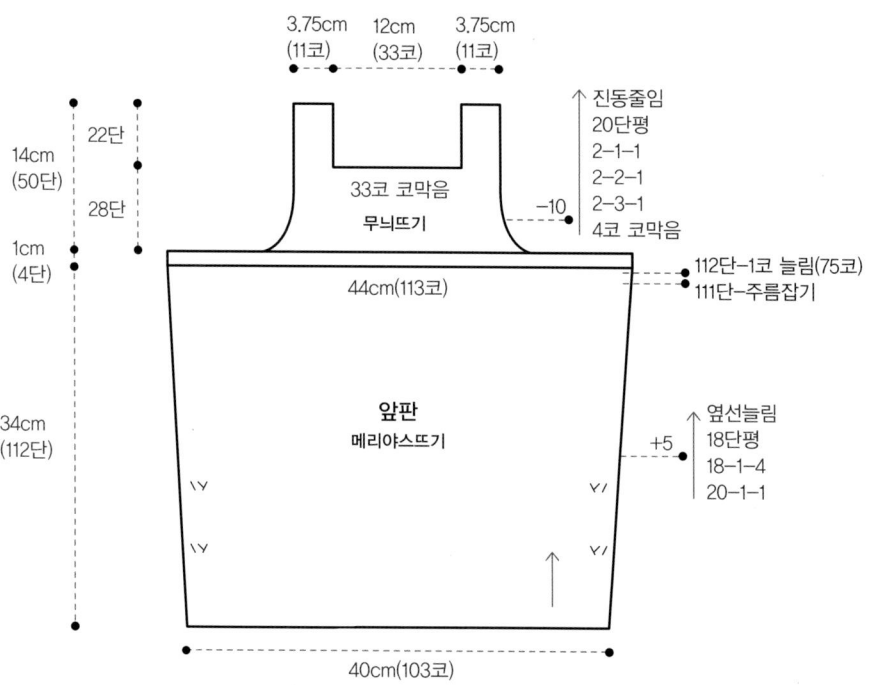

How to make

블루머

사이즈 2세(키 86cm)

준비물
실 : 필다르사 코톤 3(PHIL COTON 3 : 코튼 100%) 라이트 그레이(Perle) 1볼, 블랙(Noir) 3볼
대바늘 2.5mm와 3.5mm, 마커링, 안전핀, 고무줄
*메리야스 게이지(대바늘 3.5mm) 25코 33단(추천 게이지보다 느슨하게 뜬다)

사용한 기법
메리야스뜨기, 1코/1코 고무단, 오른코 줄이기, 왼코 줄이기(2코 모아뜨기), 감아코 만들기, 되돌아뜨기
자수 : 메리야스 스티치

만들기

뒤판

1. 블랙 실과 대바늘 2.5mm로 시작코 41코 만들어 1코/1코 고무단으로 4단(1cm) 뜬다. 고무단 시작과 끝은 겉뜨기 1코씩 한다.
2. 다음 단에서 대바늘 3.5mm로 바꾼 다음 1단으로 센다.
3. 메리야스뜨기로 2단(0.5cm) 뜬다.
4. 3단에서 오른쪽으로 1코 늘려뜬다. (총 42코)
5. 4단(1cm)까지 뜬 다음 실을 자르고 모든 코를 안전핀에 걸어둔다.
6. 두 번째 다리도 같은 방법으로 대칭되게 뜬다.
7. 5단은 바늘에 있는 42코를 뜬 다음 감아코 만들기로 3코 만든다. 안전핀에 걸어둔 42코를 이어 뜬다(코를 늘린 부분이 중앙으로 온다). (총 87코)
8. 메리야스뜨기 시작부터 높이가 36단(11cm) 될 때까지 메리야스뜨기로 이어 뜬다.
9. 37단에서 1코씩 줄인 후(총 85코) *양쪽 시접코 1코씩 남기고 8단마다 1코씩 2번 줄이기→6단마다 1코씩 1번 양쪽으로 줄여뜬다.
   *양쪽으로 시접코 1코씩 남기기 : 겉뜨기 1코, 2코 모아뜨기→3코 남을 때까지 겉뜨기→오른코 줄이기→겉뜨기 1코
10. 58단 79코가 된다. 64단(19.5cm)까지 메리야스뜨기로 이어 뜬다.
11. 65단부터 다음과 같이 양쪽으로 되돌아뜨기 한다.
    : 양쪽에서 2단마다 7코씩 2번 되돌아뜨기→2단마다 8코씩 1번 되돌아뜨기
12. 다음 단에서 대바늘 2.5mm로 바꾸고 1코/1코 고무단으로 12단(4cm) 뜬 다음 코막음한다.

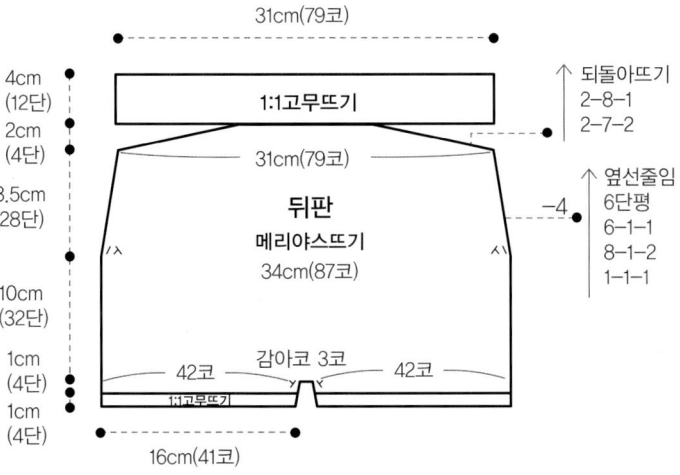

앞판

1. 블랙 실과 대바늘 2.5mm로 시작코 41코를 만들어 1코/1코 고무단으로 4단(1cm) 뜬다. 고무단의 시작과 끝은 안뜨기 1코씩으로 한다.
2. 다음 단에서 대바늘 3.5mm로 바꾼 다음 1단으로 센다.
3. 메리야스뜨기로 2단(0.5cm) 뜬다.
4. 3단에서 오른쪽으로 1코 늘려뜬다. (총 42코)
5. 4단(1cm)까지 뜬 다음 실을 자르고 모든 코를 안전핀에 걸어둔다.
6. 두 번째 다리도 같은 방법으로 대칭되게 뜬다.
7. 5단은 바늘에 있는 42코를 뜬 다음 감아코 만들기로 3코 만든다. 안전핀에 걸어둔 42코를 이어 뜬다(코를 늘린 부분이 중앙으로 온다). (총 87코)
8. 메리야스뜨기 시작부터 높이가 36단(11cm)이 될 때까지 메리야스뜨기로 이어 뜬다.
9. 37단에서 양쪽으로 1코씩 줄인 후(총 85코) *양쪽 시접코 1코씩 남기고 8단마다 1코씩 2번 줄이기→6단마다 1코씩 1번 양쪽으로 줄여뜬다.
   *양쪽 시접코 1코씩 남기기 : 겉뜨기 1코→2코 모아뜨기, 3코 남을 때까지 겉뜨기→오른코 줄이기→겉뜨기 1코
10. 58단 79코가 된다. 64단(19.5cm)까지 메리야스뜨기로 이어 뜬다.
11. 65단에서 대바늘 2.5mm로 바꾸고 1코/1코 고무단으로 12단(4cm) 뜬 다음 코막음한다.

연결하기

1. 라이트그레이색 실을 돗바늘에 끼우고 앞판과 뒤판에 다음과 같이 메리야스 스티치 한다.
   ① 앞판에 중앙코를 표시한다. 첫 모티프를 메리야스 스티치로 수놓는다. (〈메리야스 스티치 모티브 도안〉 참고)
   ② 첫 모티프를 기준으로 5코 6단씩 간격을 띄워 다른 모티프를 수놓는다.
   *모티브가 가장자리에서 잘리는 위치에 있으면 수놓지 않는다.
2. 옆선과 바짓가랑이를 꿰맨다.
3. 허리 고무단에 고무줄을 2줄 통과시킨다.

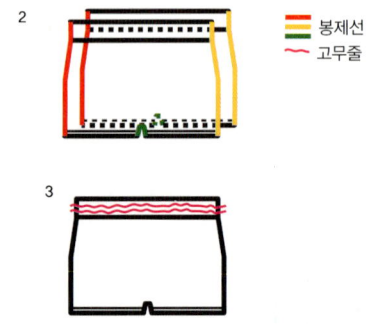

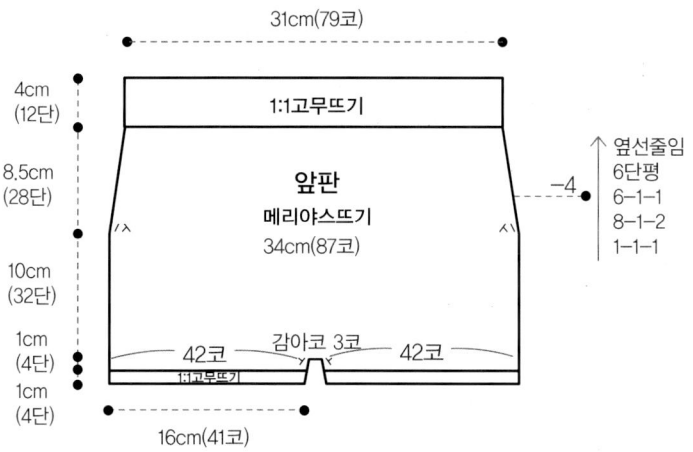

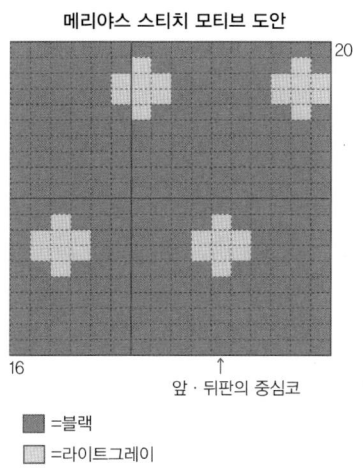

메리야스 스티치 모티브 도안

■ =블랙
□ =라이트그레이

How to make

헤어밴드

사이즈 2세(키 86cm)

준비물
실 : 필다르사 코튼 3(PHIL COTON 3 : 코튼 100%) 레몬 (Citron) 1볼, 블랙(Noir) 1볼
대바늘 2.5mm, 대바늘 3mm, 마커링
* 메리야스 게이지(대바늘 3mm) 26코 35단

사용한 기법
1코/1코 고무단, 메리야스뜨기

만들기

밴드
1. 블랙 실과 대바늘 2.5mm로 시작코 116코를 만들어 1코/1코 고무단으로 10단(3cm) 뜬다.
2. 다음 단에서 모든 코를 코막음한다.

꽃
1. 레몬색 실과 대바늘 3mm로 시작코 70코를 만든다. 메리야스뜨기로 다음과 같이 뜬다.
   ① 1단은 모든 코를 겉뜨기로 뜬다.
   ② 2단은 처음 60코를 안뜨기로 뜨고 뒤로 돌린다.
   ③ 3단은 첫코를 뜨지 않은 채 오른쪽 바늘로 옮기고 끝까지 겉뜨기로 (59코) 뜬다.
   ④ 4단은 처음 50코를 안뜨기로 뜨고 뒤로 돌린다.
   ⑤ 5단은 첫코를 걸러뜨고 끝까지 겉뜨기로 49코 뜬다.
   ⑥ 6단은 처음 40코를 안뜨기로 뜨고 뒤로 돌린다.
   ⑦ 7단은 첫코를 걸러뜨고 끝까지 겉뜨기로 39코 뜬다.
   ⑧ 8단은 모든 코를 안뜨기로 2코 모아뜨기 한다. 35코가 남는다.
2. 실을 자르고 실을 자르고 남은 실을 돗바늘에 끼워서 바늘에 걸려있는 모든 코 사이로 통과시킨 후 잡아당겨 단단하게 고정한다.

밴드
3cm (10단)
1:1고무뜨기
48.5cm(116코)

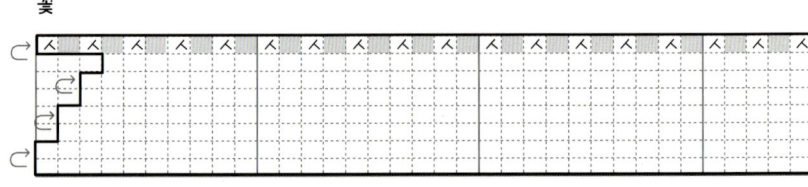

꽃

□ = 겉면에서는 겉뜨기, 안쪽 면에서는 안뜨기
▨ = 없어지는 코

연결하기

1. 밴드를 옆선끼리 꿰매 원형으로 만든다.
2. 꽃은 가장 짧은 옆면이 꽃심이 되도록 동글게 말아준 후 봉제실을 이용하여 감침질로 고정한다.
3. 봉제선 위에 꽃을 고정한다.

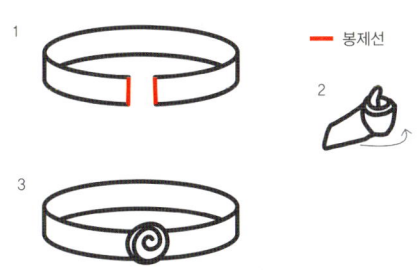

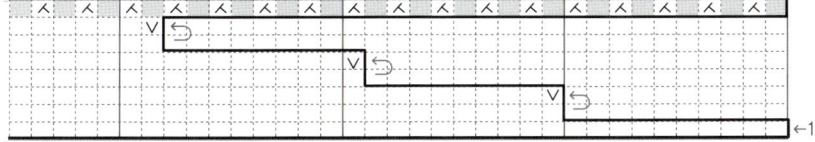

04
오렌지 스완 원피스
Robe

바탕색과 조화를 이룬 오렌지 백조 캐릭터가 눈길을 끄는 원피스예요. 메리야스뜨기로 몸판을 만들고 짧막한 소매를 연결하세요. 뒷목 부분에 트임을 만들고 단추를 달면 깔끔하면서 아이가 편하게 입을 수 있어요. 끝단은 돌돌 말리게 해 자연스럽게 마무리해요.

How to make

오렌지 스완 원피스

사이즈 2세(키 86cm)
준비물
실 : 필다르사 코통 3(PHIL COTON 3 : 코튼 100%) 파우더핑크(Poudre) 3볼, 코랄핑크(Corail) 1볼, 라이트그레이(Perle) 2볼, 레몬(Citron) 조금, 블랙(Noir) 조금
대바늘 3mm, 실패, 단추(지름 12mm) 1개
*메리야스와 배색무늬 게이지(대바늘 3mm) 26코 35단

사용한 기법
메리야스뜨기, 배색하기, 오른코 줄이기, 왼코 줄이기(2코 모아뜨기), 되돌아뜨기

만들기
뒤판
1. 라이트 그레이색 실과 대바늘 3mm로 시작코 116코를 만든다. 메리야스뜨기로 28단(8cm) 뜬다.
2. 29단에서 겉뜨기 4코→2코 모아뜨기→(겉뜨기 2코→2코 모아뜨기)×12번 반복→겉뜨기 8코→(2코 모아뜨기→겉뜨기 2코)×12번 반복→2코 모아뜨기→겉뜨기 4코 (남은 코: 90코) 뜨며 26코 줄인다.
3. 30단은 메리야스뜨기 한다.
4. 31단(8.5cm)부터 파우더핑크색 실로 바꾸고 양쪽 14단마다 겉뜨기 1코→왼코 2코 모아뜨기→3코 남을 때까지 겉뜨기→오른코 줄이기→겉뜨기 1코씩 5번 줄인다.
5. 100단 80코가 된다. 전체 높이가 116단(33cm) 될 때까지 메리야스뜨기로 이어 뜬다.
6. 117단부터 양쪽에서 3코씩 코막음→2단마다 2코씩 3번 줄이기→2단마다 1코씩 2번 진동줄임 한다.
7. 128단 58코가 된다. 146단(42cm) 될 때까지 메리야스뜨기로 이어 뜬다.
8. 147단부터 한쪽 어깨씩 겉뜨기로 29코 뜨고 남은 29코는 안전핀에 걸어둔다.
9. 전체 높이가 164단(47m)이 되면 다음과 같이 되돌아뜨기(오른쪽 아래로 경사)하며 어깨처짐을 준다.
   : 2단마다 4코씩 2번 되돌아뜨기→2단마다 5코씩 1번 되돌아뜨기 (어깨 : 13코씩)
10. 9와 동시에 목둘레 쪽으로 11코 코막음→2단마다 5코씩 1번 줄이며 뒷목줄임을 한다.
11. 170단에 남아 있는 13코를 안전핀에 걸어둔다.
12. 8번 안전핀에 걸어두었던 나머지 반쪽도 같은 방법으로 대칭되게 뜬다. 남은 코는 안전핀에 걸어둔다.

앞판
1. 라이트 그레이색 실과 대바늘 3mm로 시작코 116코를 만든다. 메리야스뜨기로 18단(5cm) 뜬다.
2. 19단부터 〈배색무늬 도안〉을 보며 다음과 같이 뜬다.
   : 라이트그레이색 실로 36코→〈배색무늬 도안〉을 보며 37코→라이트그레이색 실로 43코
3. 2를 진행하다가 29단에서 뒤판 같이 26코 줄여준다.(뒤판 2번 참고) (남은 코 : 90코)
4. 31단(8.5cm)에서 양쪽은 파우더핑크색 실로 바꾼다. 중앙은 배색무늬 도안을 그대로 진행하면서 양쪽에서 14단마다 겉뜨기 1코→왼코 2코 모아뜨기→3코 남을 때까지 겉뜨기→오른코 줄이기→겉뜨기 1코씩 5번 줄인다.
5. 옆선을 줄이다가 94단에서 배색무늬 도안이 끝나면 파우더핑크색 실로 이어 뜬다.
6. 100단 80코가 된다. 전체 높이가 116단(33cm) 될 때까지 메리야스뜨기 한다.
7. 117단부터 양쪽에서 3코씩 코막음→2단마다 2코씩 3번 줄이기→2단마다 1코씩 2번 줄이며 (남은 코 : 58코) 진동줄임 한다.
8. 128단 58코가 된다. 146단이 될 때까지 이어 뜬다.

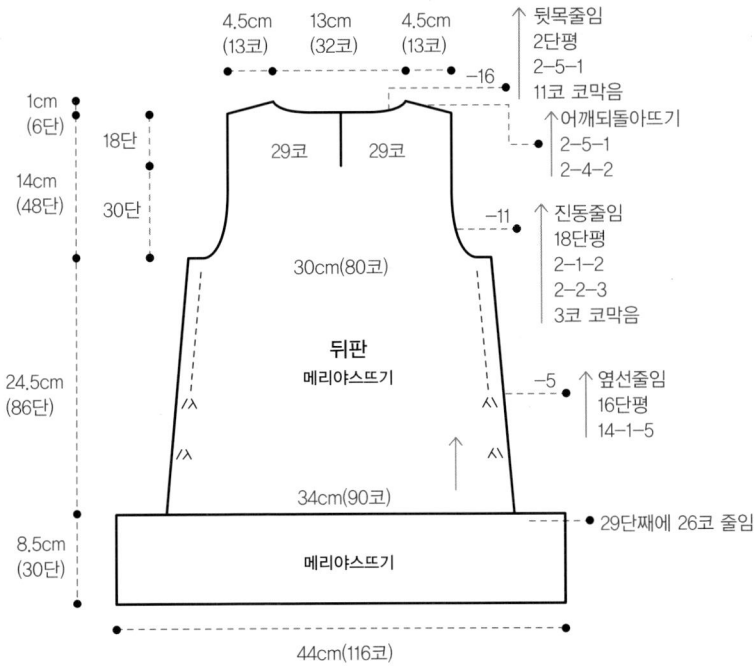

9. 한쪽 어깨씩 147단에서 겉뜨기 22코 뜬 후 14코를 코막음하고 남은 22코로 다음과 같이 앞목줄임 한다.
: 목둘레 쪽으로 2단마다 3코씩 1번 줄이기→2단마다 2코씩 1번 줄이기→2단마다 1코씩 2번 줄이기→4단마다 1코씩 2번 줄이기
10. 162단 13코가 된다.
11. 전체 높이가 164단(47m)이 되면 다음과 같이 되돌아뜨기(왼쪽 아래로 경사)해 어깨처짐을 준다.
: 2단마다 4코씩 2번 되돌아뜨기→2단마다 5코씩 1번 되돌아뜨기 (어깨 : 13코씩)
12. 170단에 남아 있는 13코를 안전핀에 걸어둔다.
13. 9에 남아 있는 나머지 반쪽도 위와 같이 대칭되게 뜬다. 남은 코는 안전핀에 걸어둔다.

소매

1. 파우더핑크색 실과 대바늘 3mm로 시작코 64코를 만들어 메리야스뜨기로 4단(1cm) 뜬다.
2. 5단에서 양쪽으로 3코 코막음→2단마다 2코씩 3번 줄이기→2단마다 1코씩 8번 줄이기→2단마다 2코씩 3번 줄이기→2단마다 3코씩 1번 줄이며 소매산을 만든다.
3. 총 36단(10.5cm)이 된다. 다음 단에서 남아 있는 12코 모두 코막음한다.
4. 같은 방법으로 1장 더 뜬다.

연결하기

1. 앞판과 뒤판 어깨를 연결한다.
2. 몸판 옆선과 소매 옆선을 꿰맨다.
3. 소매를 몸판 진동둘레에 연결한다.
4. 코랄핑크색 실과 대바늘 3mm로 목둘레에서 시작코 88코를 잡는다. 바로 다음 단에서 느슨하게 코막음한다.
5. 돗바늘로 뒷목 트임에 단춧고리를 1개 만든다.
6. 단춧고리와 대칭되는 곳에 단추를 달아준다.

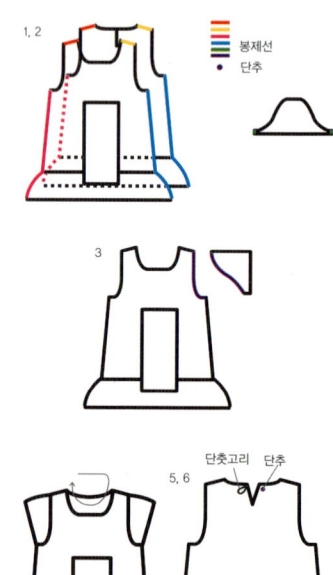

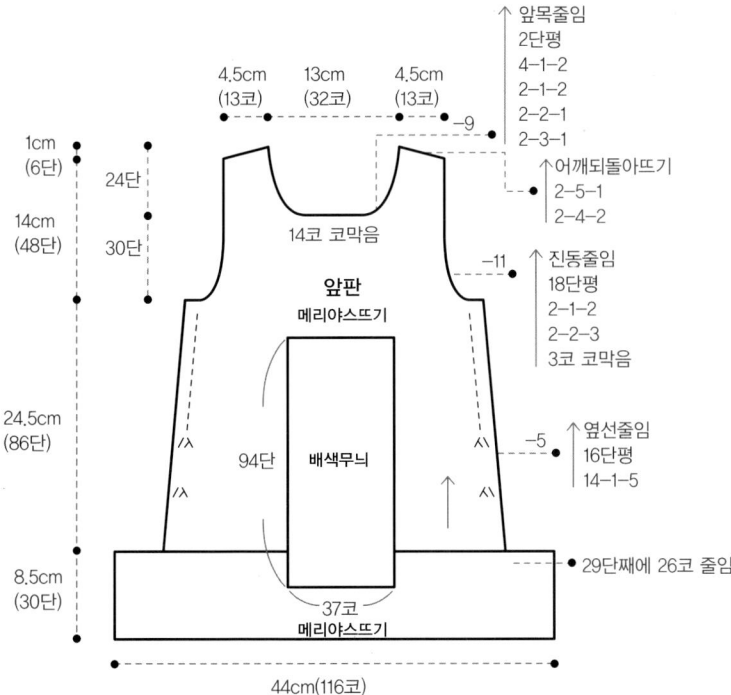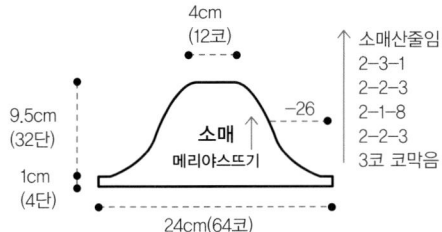

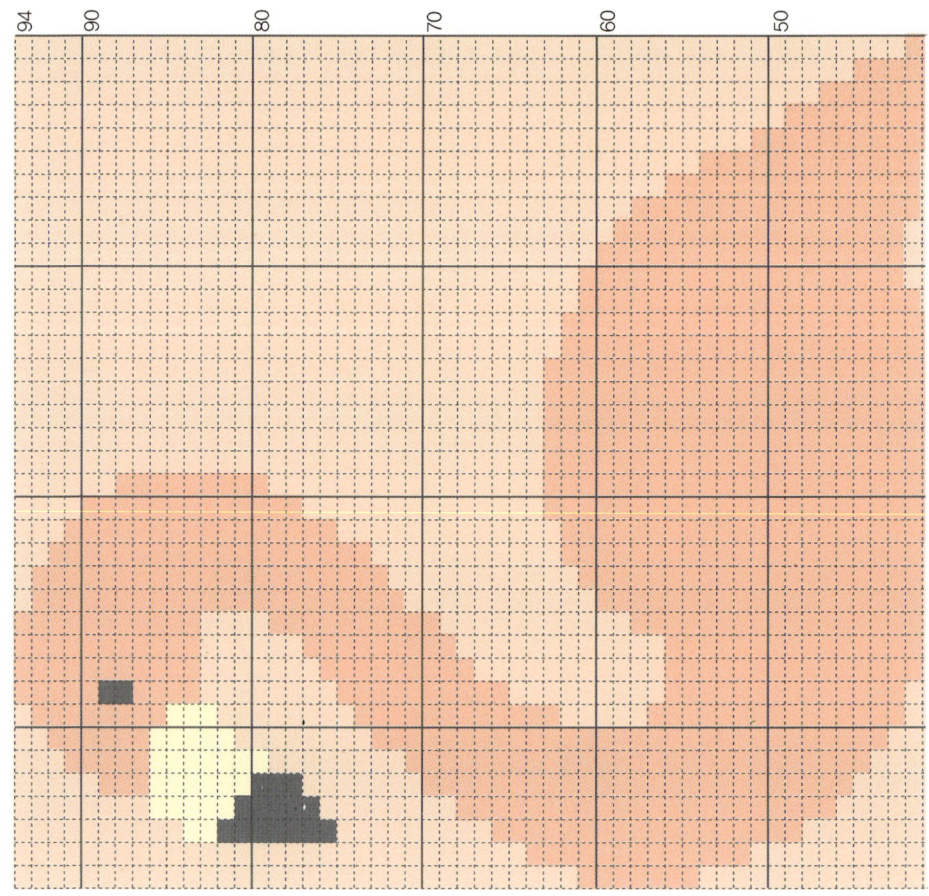

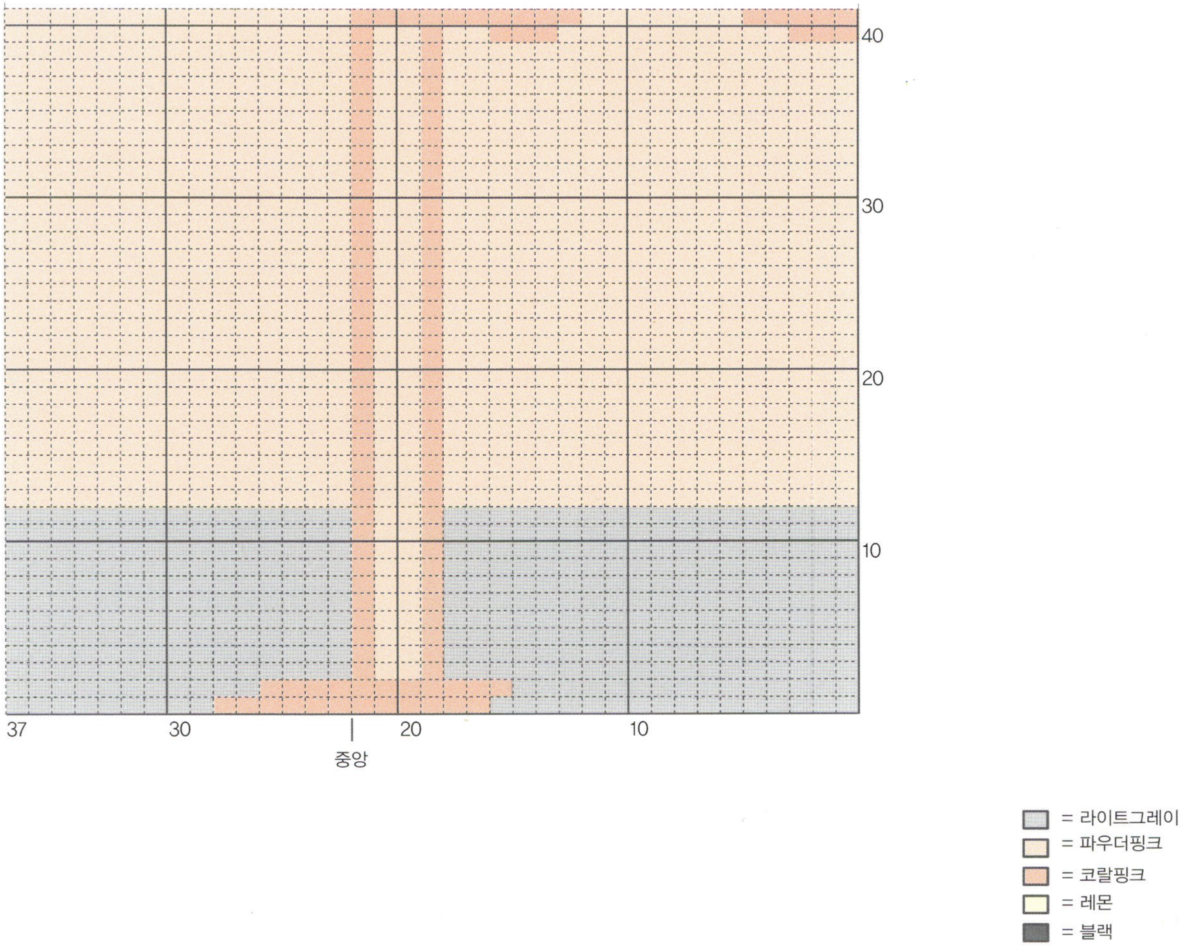
40
30
20
10
37
30
20
10
중앙
= 라이트그레이
= 파우더핑크
= 코랄핑크
= 레몬
= 블랙

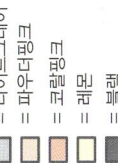

05
홀터넥 민소매티
Dos nu Débardeur

깊게 파인 어깨선이 시원해 보이는 홀터넥 민소매티는 끈을 목둘레에 돌린 다음 뒤에서 단추로 고정하는 디자인이 포인트예요. 메리야스뜨기로 몸판을 뜨고 가터뜨기로 목둘레를 만들어요. 가슴 부분에 주름을 잡은 후 바늘비우기로 장식을 넣으면 완성. 디자인이 시선을 모으니 장식은 단순하게 뜨는 것이 좋아요.

How to make

홀터넥 민소매티

사이즈 4세(키 102cm)

준비물
실 : 필다르사 코튼 3(PHIL COTON 3 : 코튼 100%) 바이올렛(Clematite) 2볼
대바늘 2.5mm와 3.5mm, 마커링, 단추(지름 15mm) 1개, 고무줄
*메리야스 게이지(대바늘 3.5mm) 25코 33단(추천 게이지보다 느슨하게 뜬다)

사용한 기법
메리야스뜨기, 가터뜨기, 1코/1코 고무단, 바늘비우기, 오른코 줄이기, 왼코 줄이기(2코 모아뜨기)

만들기

뒤판
1. 대바늘 2.5mm로 시작코 84코를 만들어 가터뜨기로 4단(1cm, 가터무늬 2줄) 뜬다.
2. 다음 단부터 대바늘 3.5mm로 바꾸고 1단으로 센다.
3. 첫 단에서 3코 늘리고(총 87코) 도안을 보며 구멍무늬로 20단 뜬다. (〈구멍무늬 도안〉 참고)
4. 가터뜨기에서 시작해 높이 21단부터 메리야스뜨기로 이어 뜬다.
5. 2~4와 동시에 양쪽에서 8단마다 1코씩 1번 줄이기→ 6단마다 1코씩 6번 뜨며 옆선을 줄인다.
6. 44단에 73코가 된다. 메리야스뜨기로 2단 더 뜬다.
7. 가터뜨기에서 시작해 높이 46단(14cm)까지 뜬다. 47단에서 대바늘 2.5mm로 바꾸고 1코/1코 고무단으로 10단 뜬다. 고무단 시작과 끝은 겉뜨기로 2코씩 한다.
8. 다음 단에서 모든 코를 코막음한다.

앞판
1. 대바늘 2.5mm로 시작코 84코를 만들어 가터뜨기로 4단(1cm, 가터무늬 2줄) 뜬다.
2. 다음 단부터 대바늘 3.5mm로 바꾸고 1단으로 센다.
3. 첫 단에서 3코 늘리고(총 87코) 도안을 보며 구멍무늬로 20단 뜬다. (〈구멍무늬 도안〉 참고)

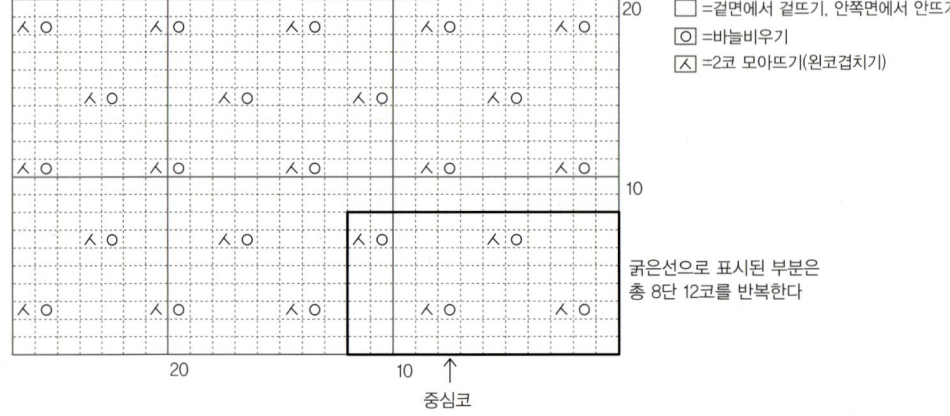

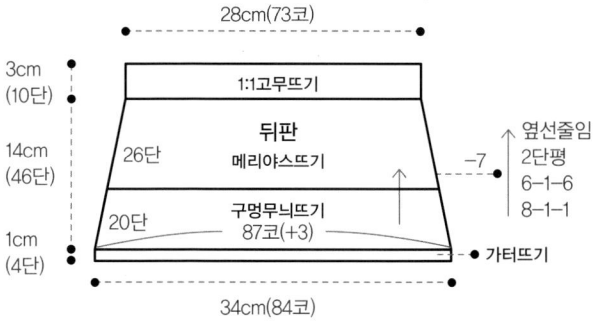

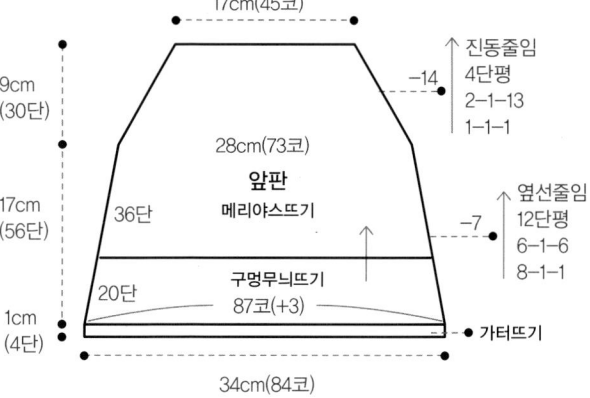

4. 가터뜨기에서 시작해 높이 21단부터 메리야스뜨기로 이어 뜬다.
5. 2~4와 동시에 양쪽에서 8단마다 1코씩 1번 줄이기→6단마다 1코씩 6번 뜨며 옆선을 줄인다.
6. 44단에 73코가 된다. 메리야스뜨기로 56단(17cm) 될 때까지 이어 뜬다.
7. 57단에서 *양쪽에 시접 3코 남기고 1코씩 줄인 다음(남은 코 : 71코) 양쪽 시접코 3코씩 남기고 2단마다 1코씩 13번 줄이며 진동줄임 한다.
 *양쪽 시접코 3코씩 남기고 줄이기 : 겉뜨기 3코→2코 모아뜨기→5코 남을 때까지 겉뜨기→오른코 줄이기→겉뜨기 3코
8. 82단 45코가 된다. 86단(26cm)까지 메리야스뜨기로 이어 뜬다.
9. 다음 단에서 모든 코를 코막음한다.

목 밴드

1. 대바늘 2.5mm로 시작코 83코 만들어 가터뜨기로 뜬다.
2. 3단에서 겉뜨기 2코→바늘비우기→2코 모아뜨기→겉뜨기로 단춧구멍을 낸다.
3. 총 6단(1.5cm, 가터무늬 3줄)까지 뜬 후 다음 단에서 모든 코를 코막음한다.

연결하기

1. 몸판 옆선을 꿰맨다.
2. 앞판 마지막 단에 코 사이로 고무줄을 통과시킨 다음 잡아당겨 최종 너비가 10.5cm가 되도록 주름을 만든다.
3. 목 밴드 가운데 부분을 앞판에 꿰맨다.
4. 단춧구멍과 대칭되는 위치에 단추를 달아준다.

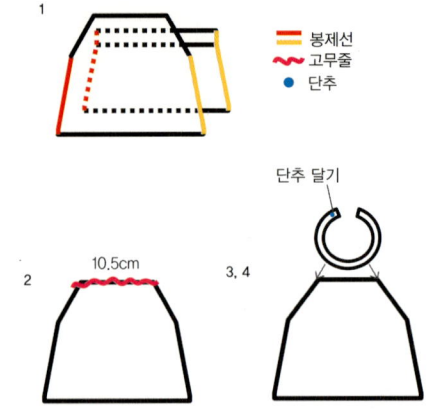

Dos nu Débardeur

06
쇼트 카디건
Gilet Cardigan

옷 입히기 까다로운 봄에 하나쯤 있으면 좋은 쇼트 카디건이에요.
얇으면서 보온성 좋은 스텔라실로 만들어 아침저녁에 가볍고
따뜻하게 입힐 수 있어요. 검은색을 기본으로 비슷한 계열의 배색이
눈길을 끌죠. 기장을 짤막하게 만들고 소매를 7부로 디자인해
발랄한 느낌을 더했어요. 스트라이프 무늬에 맞춘, 같은 색상의
단추를 달아 깔끔하게 마무리하세요.

How to make

쇼트 카디건

사이즈 4세(키 102cm) · 6세(키 114cm)
준비물
실 : 필다르사 코톤 3(PHIL COTON 3 : 코톤 100%) 블랙(Noir) 4볼, 블루(Outremer) 1볼, 딥아쿠아블루(Pacifiaue) 1볼, 아쿠아블루(Turquoise) 1볼, 에메랄드(Jade) 1볼, 옐로그린(Pistache), 라이트옐로(Anis) 1볼
대바늘 3mm, 마커링, 안전핀, 단추(지름 13mm) 4개
*줄무늬 메리야스 게이지(대바늘 3mm) 26코 35단

사용한 기법
겉메리야스뜨기, 줄무늬 안메리야스뜨기, 오른코 줄이기, 왼코 줄이기(2코 모아뜨기), 코 늘리기, 되돌아뜨기

만들기
〈4세용〉
뒤판
1. 블랙 실과 대바늘 3mm로 시작코 72코를 만든다.
2. 블랙 14단→블루 6단→블랙 8단→딥아쿠아블루 6단→블랙 8단→아쿠아블루 6단→블랙 8단→에메랄드 6단→블랙 8단→옐로그린 6단→블랙 8단→라이트옐로 6단→블랙으로 마무리한다.
3. 6단(2cm) 뜬 다음 양쪽으로 마커링을 걸어 표시해둔다.
4. 7단부터 양쪽에서 8단마다 1코씩 1번 늘리기→6단마다 1코씩 3번 옆선을 늘리며 뜬다.
5. 32단 80코가 된다. 38단(11cm) 될 때까지 줄무늬 안메리야스뜨기(2번 참고)로 이어 뜬다.
6. 39단부터 양쪽에서 3코씩 코막음→2단마다 2코씩 1번 줄이기→2단마다 1코씩 3번 진동줄임 한다.
7. 48단 64코가 된다. 전체 높이가 88단(25cm)이 될 때까지 줄무늬 안메리야스뜨기로 이어 뜬다.
8. 89단에서 27코 뜨고 10코 코막음한 후 남은 코로 다음과 같이 되돌아뜨기(왼쪽 아래로 경사)해 한쪽 어깨씩 어깨처짐을 준다.
   : 2단마다 4코씩 2번 되돌아뜨기→2단마다 5코씩 2번 되돌아뜨기 (어깨 : 18코씩)
9. 8과 동시에 목둘레 쪽으로 2단마다 5코씩 1번 줄이기→2단마다 4코씩 1번 뒷목줄임을 한다.
10. 96단 남아 있는 18코를 안전핀에 걸어둔다.
11. 8에 남아 있는 27코도 위와 같이 대칭되게 뜬다. 남은 코는 안전핀에 걸어둔다.

앞판
1. 블랙 실과 대바늘 3mm로 시작코 42코를 만든다.
2. 블랙 14단→블루 6단→블랙 8단→딥아쿠아블루 6단→블랙 8단→아쿠아블루 6단→블랙 8단→에메랄드 6단→블랙 8단→옐로그린 6단→블랙 8단→라이트옐로 6단→블랙으로 마무리한다.
3. 6단(2cm)를 뜬 다음 양쪽으로 마커링을 걸어 표시해둔다.
4. 7단부터 왼쪽에서만 8단마다 1코씩 1번 늘리기→6단마다 1코씩 3번 옆선을 늘리며 뜬다.
5. 32단 46코가 된다. 38단(11cm) 될 때까지 줄무늬 안메리야스뜨기(2번 참고)로 이어 뜬다.
6. 39단부터 왼쪽에서 3코씩 코막음→2단마다 2코씩 1번 줄이기→2단마다 1코씩 3번 진동줄임 한다.
7. 48단 38코가 된다. 전체 높이가 66단(19cm) 될 때까지 줄무늬 안메리야스뜨기로 이어 뜬다.
8. 67단부터 다음과 같이 오른쪽으로 앞목줄임을 한다.
   : 오른쪽에서 6코 코막음→2단마다 4코씩 1번 줄이기→2단마다 3코씩 1번 줄이기→2단마다 2코씩 1번 줄이기→2단마다 1코씩 3번 줄이기→4단마다 1코씩 1번 줄이기→6단마다 1코씩 1번 줄이기
9. 90단(25cm) 18코가 된다.
10. 8번 앞목줄임을 하다가 89단부터 다음과 같이 되돌아뜨기(왼쪽 아래로 경사)해 어깨처짐을 준다.
    : 2단마다 4코씩 2번 되돌아뜨기→2단마다 5코씩 2번 되돌아뜨기 (어깨 : 18코씩)
11. 96단에 남아 있는 18코를 안전핀에 걸어둔다.
12. 위와 같은 방법으로 대칭되게 왼쪽 앞판을 뜬다.

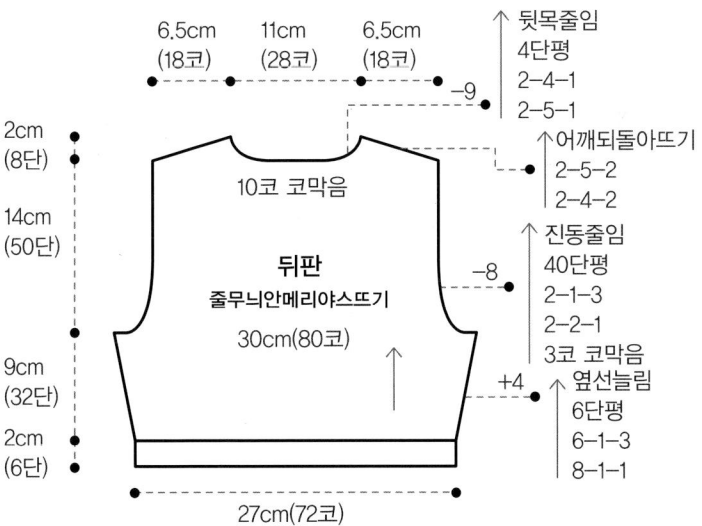

소매

1. 블랙 실과 대바늘 3mm로 시작코 56코를 만든다.
2. 블랙 14단→라이트옐로 6단→블랙 8단→블루 6단→블랙 8단→딥아쿠아블루 6단→블랙 8단→아쿠아블루 6단→블랙 8단→에메랄드 6단→블랙 8단→옐로그린 6단→블랙으로 마무리한다.
3. 6단(2cm)를 뜬 다음 양쪽으로 마커링을 걸어 표시해 둔다.
4. 다음 단부터 양쪽으로 16단마다 1코씩 2번 늘린다.
5. 38단 60코가 된다. 52단(15cm) 될 때까지 줄무늬 안메리야스뜨기(2번 참고)로 이어 뜬다.
6. 53단부터 다음과 같이 줄여 양쪽 소매산을 만든다.
   : 양쪽으로 3코 코막음→2단마다 2코씩 1번 줄이기→2단마다 1코씩 3번 줄이기→4단마다 1코씩 4번 줄이기→2단마다 1코씩 4번 줄이기→2단마다 2코씩 1번 줄이기→2단마다 3코씩 1번 줄이기
7. 90단(26cm)이 된다. 다음 단에서 남아 있는 18코를 모두 코막음한다.
8. 같은 방법으로 1장 더 뜬다.

연결하기

1. 앞판과 뒤판 어깨를 연결한다.
2. 몸판 옆선과 소매 옆선을 꿰맨다.
3. 소매를 몸판 진동둘레에 연결한다.
4. 앞판 앞여밈부분에 안쪽으로 2코 접는다. 안면에서 봉제실로 감침질하여 고정한다.
5. 목둘레 밴드 : 블랙 실과 대바늘 3mm로 목둘레에서 4세용 107코 / 6세용 115코 잡은 다음 겉메리야스뜨기로 4단 뜨고 다음 단에서 코막음한다. 바깥쪽으로 말리게 해 목둘레에 봉제실로 감침질하여 고정한다.
6. 몸판과 소매의 아랫단(마커링 있는 부분까지)은 안쪽으로 접어서 안쪽 면에서 봉제실로 감침질하여 고정한다.
7. 앞판 검은색 줄무늬마다 단춧구멍 총 4개를 낸다.
8. 단춧구멍과 대칭되는 곳에 단추를 달아준다.

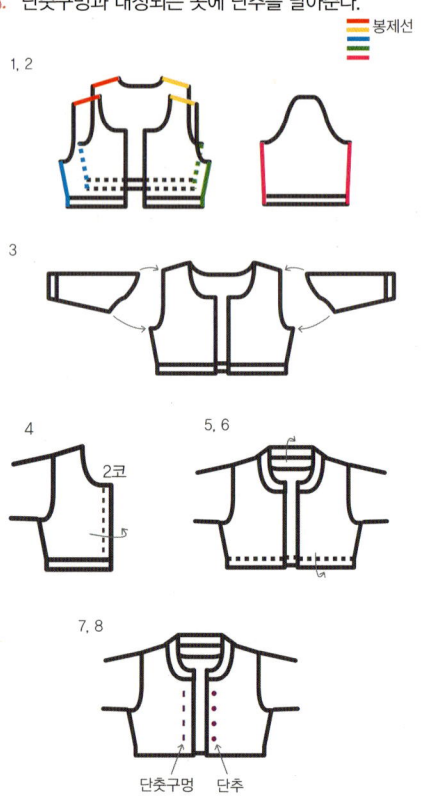

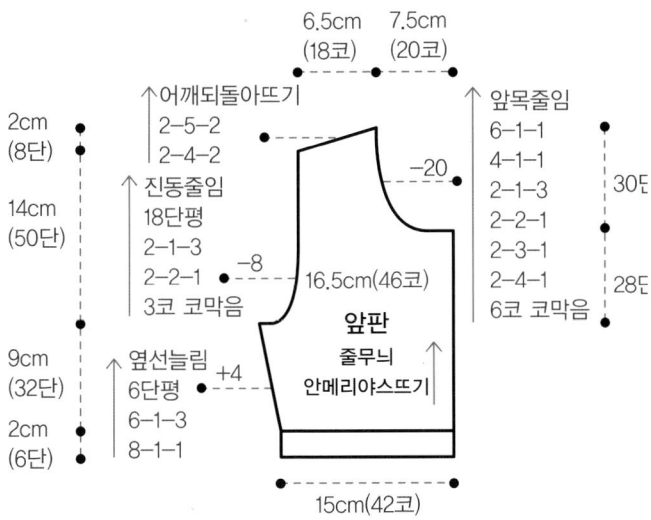

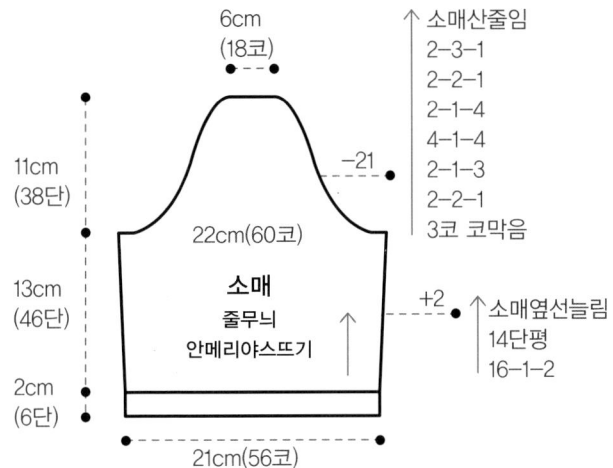

〈6세용〉
뒤판
1. 블랙 실과 대바늘 3mm로 시작코 80코를 만든다.
2. 블랙 14단→블루 6단→블랙 8단→딥아쿠아블루 6단→블랙 8단→아쿠아블루 6단→블랙 8단→에메랄드 6단→블랙 8단→옐로그린 6단→블랙 8단→라이트옐로 6단→블랙으로 마무리한다.
3. 6단(2cm)을 뜬 다음 양쪽으로 마커링을 걸어 표시해 둔다.
4. 7단부터 양쪽에서 8단마다 1코씩 1번 늘리기→6단마다 1코씩 3번 옆선을 늘리며 뜬다.
5. 32단 88코가 된다. 38단(11cm) 될 때까지 줄무늬 안메리야스뜨기(2번 참고)로 이어 뜬다.
6. 39단부터 양쪽에서 3코씩 코막음→2단마다 2코씩 2번 줄이기→2단마다 1코씩 2번 진동줄임 한다.
7. 48단 70코가 된다. 전체 높이가 94단(27cm) 될 때까지 줄무늬 안메리야스뜨기로 이어 뜬다.
8. 95단에서 28코를 뜨고 14코 코막음한 후 다음과 같이 되돌아뜨기(왼쪽 아래로 경사)해 한쪽 어깨씩 어깨처짐을 준다.
   : 2단마다 4코씩 1번 되돌아뜨기→2단마다 5코씩 3번 되돌아뜨기 (어깨 : 19코씩)
9. 8과 동시에 목둘레 쪽으로 2단마다 5코씩 1번 줄이기→2단마다 4코씩 1번 줄이며 뒷목줄임을 한다.
10. 102단에 남아 있는 19코를 안전핀에 걸어둔다.
11. 8에 남아 있는 28코도 위와 같이 대칭되게 뜬 다음 남은 코는 안전핀에 걸어둔다.

앞판
1. 블랙 실과 대바늘 3mm로 시작코 46코를 만든다.
2. 블랙 14단→블루 6단→블랙 8단→딥아쿠아블루 6단→블랙 8단→아쿠아블루 6단→블랙 8단→에메랄드 6단→블랙 8단→옐로그린 6단→블랙 8단→라이트옐로 6단→블랙으로 마무리한다.
3. 6단(2cm)을 뜬 다음 양쪽으로 마커링을 걸어 표시해 둔다.
4. 7단부터 왼쪽에서만 8단마다 1코씩 1번 늘리기→6단마다 1코씩 3번 옆선을 늘리며 뜬다.
5. 32단 50코가 된다. 38단(11cm) 될 때까지 줄무늬 안메리야스뜨기(2번 참고)로 이어 뜬다.
6. 39단부터 왼쪽에서 3코씩 코막음→2단마다 2코씩 2번 줄이기→2단마다 1코씩 2번 진동줄임 한다.
7. 48단 41코가 된다. 전체 높이가 70단(20cm) 될 때까지 줄무늬 안메리야스뜨기로 이어 뜬다.
8. 71단에서 다음과 같이 오른쪽에서 앞목줄임을 한다.
   : 오른쪽에서 6코 코막음→2단마다 4코씩 1번 줄이기→2단마다 3코씩 1번 줄이기→2단마다 2코씩 1번 줄이기→2단마다 1코씩 4번 줄이기→4단마다 1코씩 3번 줄이기
9. 98단 19코가 된다.
10. 8번의 앞목줄임을 하다가 95단부터 다음과 같이 되돌아뜨기(왼쪽 아래로 경사)해 어깨처짐을 준다.
    : 2단마다 4코씩 1번 되돌아뜨기→2단마다 5코씩 3번 되돌아뜨기 (어깨 : 19코씩)
11. 102단에 남아 있는 19코를 안전핀에 걸어둔다.
12. 같은 방법으로 대칭되게 왼쪽 앞판을 뜬다.

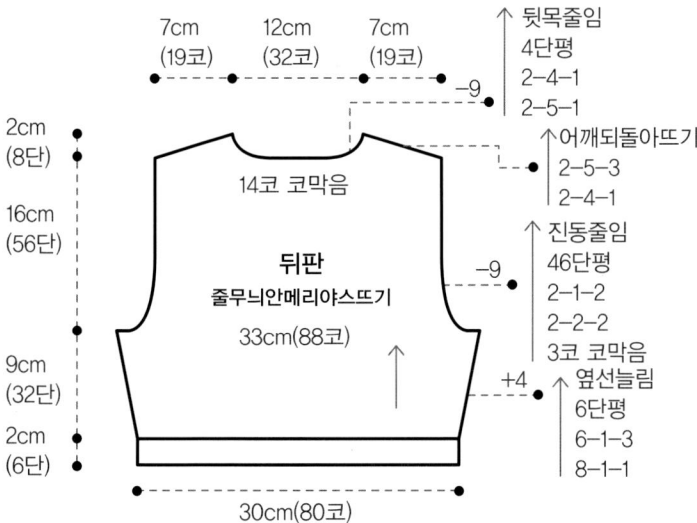

소매

1. 블랙 실과 대바늘 3mm로 시작코 60코를 만든다.
2. 블랙 24단→라이트옐로 6단→블랙 8단→블루 6단→블랙 8단→딥아쿠아블루 6단→블랙 8단→아쿠아블루 6단→블랙 8단→에메랄드 6단→블랙 8단→옐로그린 6단→블랙 4단→블랙으로 마무리한다.
3. 6단(2cm)을 뜬 다음 양쪽으로 마커링을 걸어 표시해 둔다.
4. 다음 단부터 양쪽으로 18단마다 1코씩 2번 늘린다.
5. 42단 64코가 된다. 62단(17.5cm) 될 때까지 줄무늬 안메리야스뜨기(2번 참고)로 이어 뜬다.
6. 63단부터 양쪽으로 다음과 같이 줄이며 소매산을 만든다.
   : 양쪽으로 3코 코막음→2단마다 2코씩 1번 줄이기→2단마다 1코씩 6번 줄이기→4단마다 1코씩 4번 줄이기→2단마다 1코씩 3번 줄이기→2단마다 2코씩 1번 줄이기→2단마다 3코씩 1번 줄이기
7. 104단(29.5cm)이 된다. 다음 단에서 남아 있는 18코 모두 코막음한다.
8. 같은 방법으로 1장 더 뜬다.

연결하기

1. 앞판과 뒤판 어깨를 연결한다.
2. 몸판 옆선과 소매 옆선을 꿰맨다.
3. 소매를 몸판 진동둘레에 연결한다.
4. 앞판 앞여밈부분에 안쪽으로 2코 접는다. 안면에서 봉제실로 감침질하여 고정한다.
5. 목둘레 밴드 : 블랙 실과 대바늘 3mm로 목둘레에서 4세용 107코 / 6세용 115코 잡은 다음 겉메리야스뜨기로 4단 뜨고 다음 단에서 코막음한다. 바깥쪽으로 말리게 해 목둘레에 봉제실로 감침질하여 고정한다.
6. 몸판과 소매의 아랫단(마커링 있는 부분까지)은 안쪽으로 접어서 안면에서 봉제실로 감침질하여 고정한다.
7. 앞판 검은색 줄무늬마다 단춧구멍 총 4개를 낸다.
8. 단춧구멍과 대칭되는 곳에 단추를 달아준다.

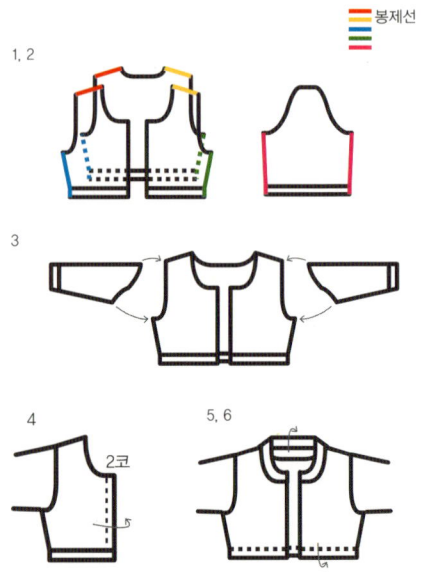

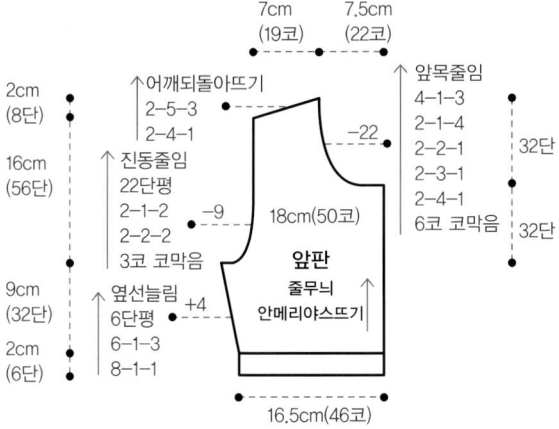

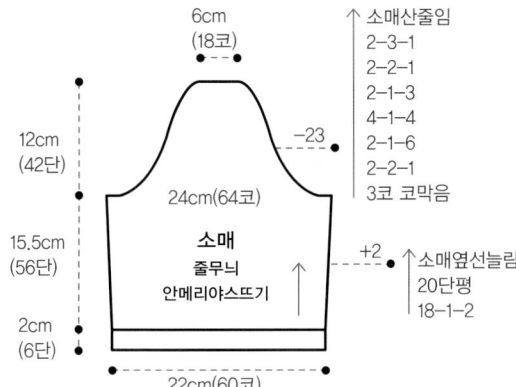

07
레터링 후드 니트
Pull àcapuche

손뜨개 옷에 무늬를 넣는 방법은 보통 두 가지예요. 짜임을 달리하거나 실의 색을 바꾸는 것. 앞판 가슴 부분에 숫자를 새기고 스트라이프 무늬를 넣은 후드 니트는 이 두 가지 방법을 모두 이용했어요. 연한 그레이색 바탕에 화이트와 진한 그레이색 실로 무늬의 짜임을 바탕보다 촘촘하게 만들어요. 목에서 가슴까지 집업을 달면 답답하지 않고 입고 벗기도 편해요.

How to make

레터링 후드 니트

사이즈 6세(키 114cm)
준비물
실 : 필다르사 카버틴(CABOTINE : 코튼 55%, 아크릴 45%) 라이트그레이(Ecume) 5볼, 그레이(Granit) 2볼, 화이트(Craie) 3볼
대바늘 2.5mm와 3mm, 안전핀, 마커링, 지퍼(10cm) 1개
*줄무늬와 배색 메리야스뜨기 게이지(대바늘 3mm) 22코 32단 (추천 게이지보다 촘촘하게 뜬다)

사용한 기법
메리야스뜨기, 3코/3코 고무단, 배색하기, 오른코 줄이기, 왼코 줄이기(2코 모아뜨기), 되돌아뜨기, 코 늘리기

만들기
뒤판
1. 라이트그레이색 실과 대바늘 2.5mm로 시작코 86코를 만들어 3코/3코 고무단으로 20단(6cm) 뜬다. 고무단 시작은 겉뜨기 3코로, 끝은 겉뜨기 2코로 한다.
2. 다음 단부터 대바늘 3mm로 바꾼 다음 첫 단에서 1코를 줄이고(총 85코) *줄무늬 메리야스뜨기로 이어 뜬다. 1단으로 센다.
   *줄무늬 메리야스뜨기
   : 라이트그레이 10단→그레이 4단→화이트 20단→라이트그레이 52단→(화이트 4단→라이트그레이 4단)×3번 반복→그레이
3. 고무단에서 시작해 높이가 70단(22cm) 될 때까지 뜬 다음 71단부터 양쪽에서 3코씩 코막음→2단마다 2코씩 2번 줄이기→2단마다 1코씩 2번 진동줄임 한다.
4. 80단 67코가 된다. 128단(40cm)까지 이어 뜬다.
5. 129단에서 겉뜨기로 27코 뜨고 13코 코막음한 후 남은 코로 다음과 같이 되돌아뜨기(왼쪽 아래로 경사)해 한쪽씩 어깨처짐을 준다.
   : 2단마다 4코씩 3번 되돌아뜨기→2단마다 5코씩 1번 되돌아뜨기 (어깨 : 17코씩)
6. 5번 어깨처짐과 목둘레 쪽으로 2단마다 5코씩 2번 줄이기를 동시에 한다.
7. 136단에 남아 있는 17코를 안전핀에 걸어둔다.
8. 5에 남아 있는 27코도 위와 같이 대칭되게 뜨고 남은 코는 안전핀에 걸어둔다.

앞판
1. 라이트그레이색 실과 대바늘 2.5mm로 시작코 86코를 만들어 3코/3코 고무단으로 20단(6cm) 뜬다. 고무단 시작은 겉뜨기 3코로, 끝은 겉뜨기 2코로 한다.
2. 다음 단부터 대바늘 3mm로 바꾼 다음 첫 단에서 1코 줄이고 (총 85코) *줄무늬 메리야스뜨기로 이어 뜬다.
   *줄무늬 메리야스뜨기 : 라이트그레이 10단→그레이 4단→화이트 20단→라이트그레이 52단→(화이트 4단→라이트그레이 4단)×3→그레이
3. 고무단에서 시작해 높이가 34단(10.5cm) 될 때까지 이어 뜬다.
4. 35단부터 메리야스 24코→배색무늬 37코→메리야스 24코(총 85코)로 배색무늬뜨기 한다.
   ⟪배색무늬 도안⟫ 참고
5. 70단(22cm)까지 뜬 다음 71단부터 양쪽 3코씩 코막음→2단마다 2코씩 2번 줄이기→2단마다 1코씩 2번 진동줄임 한다.
   80단 67코가 된다.

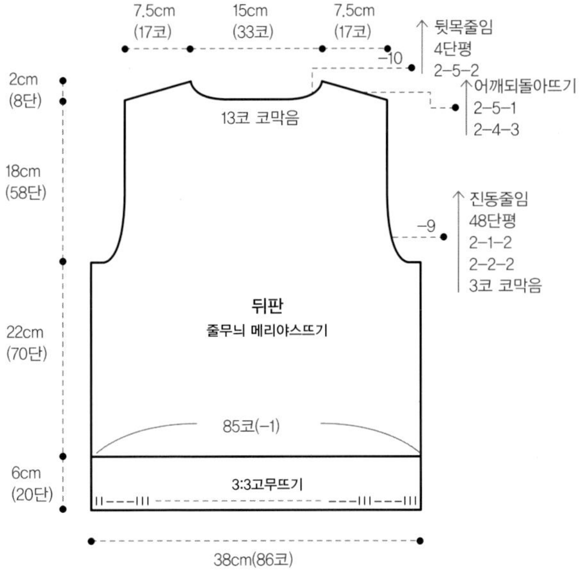

뒤판

- 2cm (8단)
- 18cm (58단)
- 22cm (70단)
- 6cm (20단)
- 38cm(86코)

- 7.5cm (17코) / 15cm (33코) / 7.5cm (17코)
- 13코 코막음
- 85코(-1)
- 3:3 고무뜨기

뒷목줄임
4단평
2-5-2
−10

어깨되돌아뜨기
2-5-1
2-4-3

진동줄임
48단평
2-1-2
2-2-2
3코 코막음
−9

뒤판 줄무늬 메리야스뜨기

앞판

- 2cm (8단)
- 18cm (58단) — 20단 / 38단 / 8단
- 22cm (70단)
- 6cm (20단)
- 38cm(86코)

- 7.5cm (17코) / 15cm (33코) / 7.5cm (17코)
- 5코 코막음
- 24코 / 37코 / 24코
- 85코(−1)
- 3:3 고무뜨기

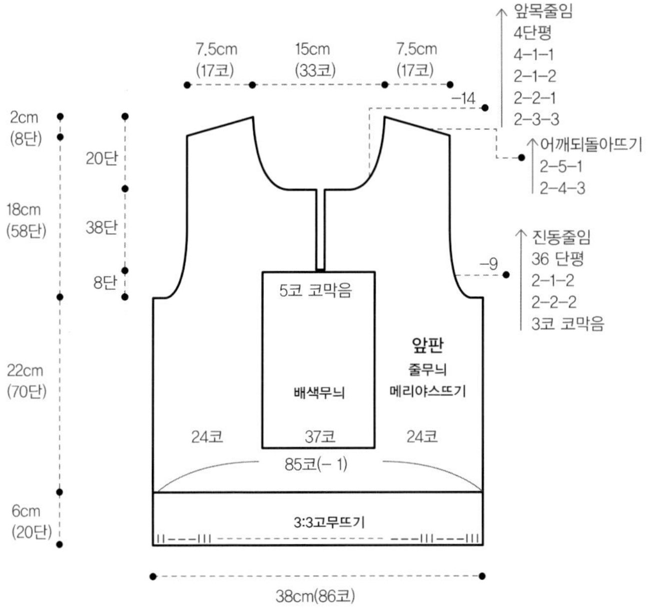

앞목줄임
4단평
4-1-1
2-1-2
2-2-1
2-3-3
−14

어깨되돌아뜨기
2-5-1
2-4-3

진동줄임
36단평
2-1-2
2-2-2
3코 코막음
−9

앞판 줄무늬 메리야스뜨기

배색무늬

6. 5를 하다가 79단에서 겉뜨기 31코를 뜨고 남은 36코는 안전핀에 걸어두어 한쪽씩 트임을 만든다. 116단 (36cm)까지 이어 뜬다.
7. 117단부터 목둘레 쪽으로 2단마다 3코씩 3번 줄이기 →2단마다 2코씩 1번 줄이기→2단마다 1코씩 2번 줄이기→4단마다 1코씩 1번 앞목줄임을 한다.
8. 132단 17코가 된다.
9. 7을 하다가 128단(40cm)까지 뜨면, 129단부터 다음과 같이 되돌아뜨기(오른쪽 아래로 경사)해 어깨처짐을 준다.
   : 2단마다 4코씩 3번 되돌아뜨기→2단마다 5코씩 1번 되돌아뜨기 (어깨 : 17코씩)
10. 136단에 남아 있는 17코를 안전핀에 걸어둔다.
11. 6에 걸어둔 36코에서 처음 5코는 코막음한다. 남은 31코로 위와 같이 대칭되게 뜬 다음 남은 코는 안전핀에 걸어둔다.

소매

1. 라이트그레이색 실과 대바늘 2.5mm로 시작코 50코를 만들어 3코/3코 고무단으로 14단(4cm) 뜬다. 고무단 시작은 겉뜨기 3코, 끝은 겉뜨기 2코로 한다.
2. 다음 단부터 대바늘 3mm로 바꾼 다음 *줄무늬 메리야스뜨기로 이어 뜬다. 1단으로 센다.
   *줄무늬의 메리야스뜨기 : 라이트그레이 8단→화이트 10단→라이트그레이 6단→그레이 12단→라이트그레이 6단→그레이 6단→라이트그레이
3. 2와 동시에 양쪽에서 6단마다 1코씩 12번 늘리기→4단마다 1코씩 2번 늘린다.
4. 80단 78코가 된다.
5. 고무단에서 시작해 높이 84단(26cm)까지 뜬 후 85단부터 양쪽으로 다음과 같이 줄이며 소매산을 만든다.

: 양쪽으로 5코 코막음→2단마다 4코씩 1번 줄이기→2단마다 3코씩 1번 줄이기→2단마다 2코씩 2번 줄이기→2단마다 1코씩 2번 줄이기→2단마다 2코씩 1번 줄이기→2단마다 3코씩 1번 줄이기→2단마다 4코씩 1번 줄이기→2단마다 5코씩 1번 줄이기
6. 106단(33cm)이 된다. 다음 단에서 남아 있는 14코 모두 코막음한다.
7. 같은 방법으로 1장 더 뜬다.

후드

1. 라이트그레이색 실과 대바늘 2.5mm로 시작코 119코 만들어 3코/3코 고무단으로 6단(2cm) 뜬다. 고무단 시작과 끝은 안뜨기 4코씩으로 한다.
2. 다음 단부터 대바늘 3mm로 바꾼 다음 첫 단에서 1코 줄이고(총 118코) *줄무늬 메리야스뜨기로 이어 뜬다. 1단으로 센다.
   *줄무늬 메리야스뜨기
   : 라이트그레이 30단→화이트 10단→라이트그레이 6단→그레이 12단→라이트그레이
3. 고무단에서 시작해 높이 46단(14cm)까지 뜬 다음 47단에서 마지막 59코는 안전핀에 걸어둔다. 오른쪽 바늘에 걸린 59코만 가지고 다음과 같이 왼쪽에서(반으로 가른 쪽에서) 줄이며 뜬다.
   : 왼쪽에서 4단마다 1코씩 1번 줄이기→2단마다 1코씩 5번 줄이기→2단마다 2코씩 3번 줄이기→줄임 없이 2단
4. 54단(16.5cm)까지 뜬 후 55단부터 오른쪽(바깥쪽) 옆면을 2단마다 1코씩 2번→2단마다 2코씩 5번 줄인다.
5. 68단(18cm) 35코가 된다. 다음 단에서 모든 코를 코막음한다.
6. 3에 걸어둔 59코도 같은 방법으로 대칭되게 뜬다.

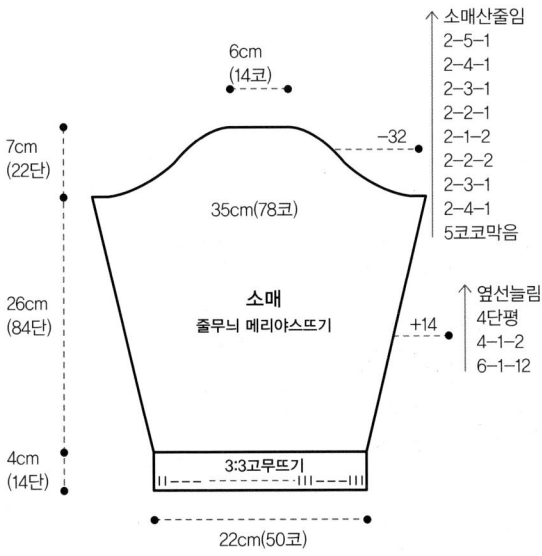

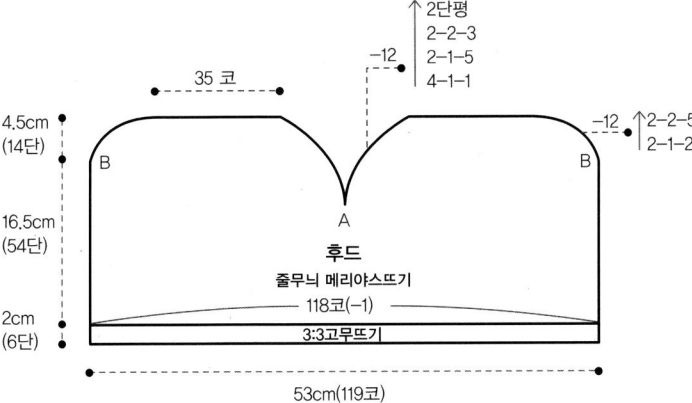

연결하기

1. 앞판과 뒤판 어깨를 연결한다.
2. 몸판 옆선(메리야스뜨기 부분만)과 소매 옆선을 꿰맨다.
3. 소매를 몸판 진동둘레에 연결한다.
4. 앞 지퍼덧단을 뜬다.
   ① 그레이색 실과 대바늘 2.5mm로 앞트임에서 시작코 29코를 잡는다.
   ② 3코/3코 고무단으로 4단(1.5cm) 뜬다. 고무단의 시작과 끝은 겉뜨기 4코씩으로 한다.
   ③ 다음 단에서 모든 코를 코막음한다.
   ④ 위와 같은 방법으로 반대쪽 지퍼 덧단도 뜬다.
5. A~B를 꿰매어 후드 모양을 만든다.
6. 후드를 목둘레에 고정해 꿰맨다.
7. 봉제실을 이용해 지퍼 덧단에 지퍼를 꿰맨다.

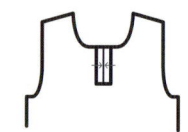

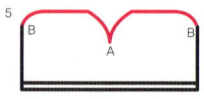

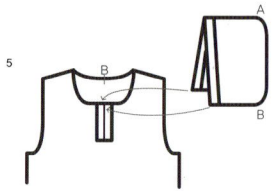

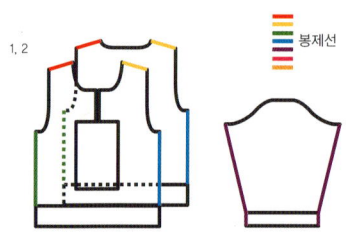

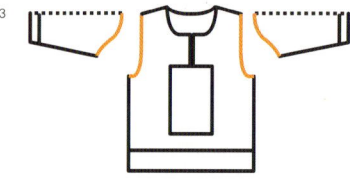

배색무늬 도안

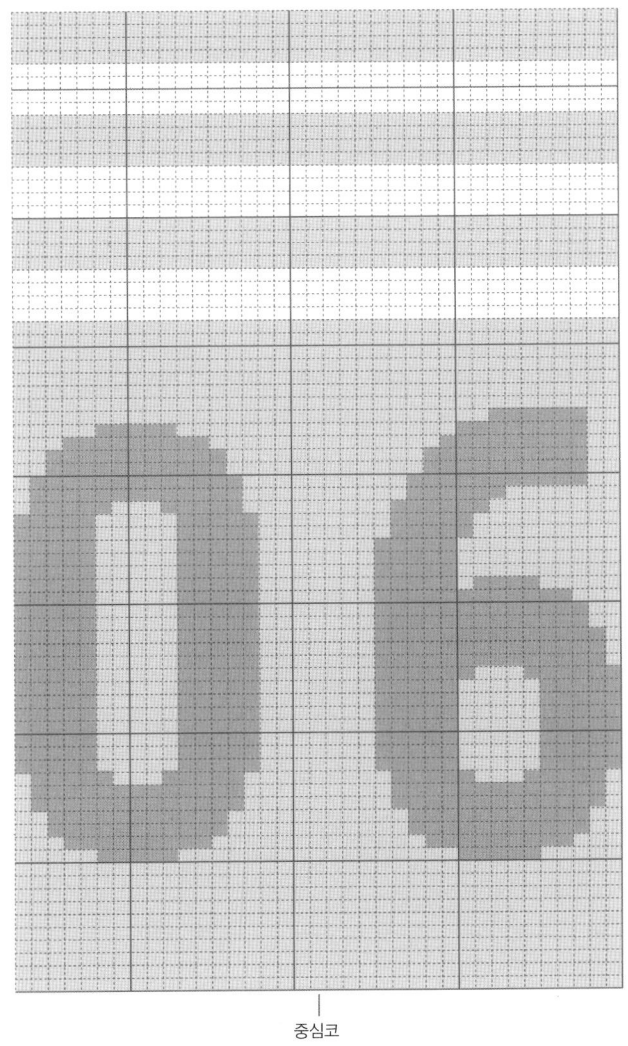

중심코

■=라이트그레이
■=그레이
□=화이트

08
반팔 니트
Pull

다양한 색 줄무늬뜨기로
밝고 경쾌한 반팔 니트를
만들어봐요.
목둘레와 소맷단은 신축성
있는 고무단뜨기로 마무리해
아이들이 활동하기 편하게
만들었어요.
기본 중의 기본 디자인이라
어디에든 매치해 오래 입힐
수 있답니다.

How to make

반팔 니트

사이즈 4세(키 102cm) · 6세(키 114cm)

준비물
실 : 필다르사 탈레사(THALASSA : 코튼 75%, 리오셀 25%) 화이트(Blanc) 3볼, 레드(Garance) 2볼, 그린(Prairie) 2볼, 파스텔블루(Prevence) 1볼, 오렌지(Coquelicot) 1볼, 옐로(Soleil) 1볼
대바늘 3.5mm와 4mm, 돗바늘
*줄무늬 메리야스 게이지(대바늘 4mm) 20코 28단

사용한 기법
메리야스뜨기, 1코/1코 고무단, 오른코 줄이기, 왼코 줄이기(2코 모아뜨기), 되돌아뜨기

만들기
〈4세용〉
뒤판
1. 화이트색 실과 대바늘 4mm로 시작코 66코를 만든다.
2. (화이트 2단→그린 2단→화이트 2단→레드 2단)×끝까지 반복한다.
3. 76단(27cm)까지 뜬 후 77단부터 양쪽에서 3코씩 코막음→2단마다 2코씩 2번 줄이기→2단마다 1코씩 1번 진동줄임 한다.
4. 84단 50코가 된다. 전체 높이가 114단(41cm) 될 때까지 줄무늬 메리야스뜨기(2번 참고)로 이어 뜬다.
5. 115단에서 18코를 뜨고 14코 코막음한 후 남은 코로 다음과 같이 되돌아뜨기(왼쪽 아래로 경사)해 한쪽 어깨씩 어깨처짐을 준다.
   : 2단마다 2코씩 2번 되돌아뜨기→2단마다 3코씩 2번 되돌아뜨기 (어깨 : 10코씩)
6. 5와 목둘레 쪽으로 2단마다 5코씩 1번 줄이기→2단마다 3코씩 1번 뒷목줄임을 동시에 한다.
7. 122단에 남아 있는 10코를 안전핀에 걸어둔다.
8. 5에 남아 있는 18코도 위와 같이 대칭되게 뜨고 남은 코는 안전핀에 걸어둔다.

앞판
1. 레드색 실과 대바늘 4mm로 시작코 66코를 만든다.
2. 레드 4단→화이트 2단→레드 2단→화이트 2단→레드 2단→화이트 2단
   파스텔블루 4단→화이트 2단→파스텔블루 2단→화이트 2단→파스텔블루 2단→화이트 2단
   오렌지 4단→화이트 2단→오렌지 2단→화이트 2단→오렌지 2단→화이트 2단
   옐로 4단→화이트 2단→옐로 2단→화이트 2단→옐로 2단→화이트 2단
   그린 4단→화이트 2단→그린 2단→화이트 2단→그린 2단→화이트 2단
   *위의 총 70단을 끝까지 반복한다.
3. 68단(24cm)까지 뜬 후 69단부터 양쪽에서 3코씩 코막음→2단마다 2코씩 2번 줄이기→2단마다 1코씩 1번 진동줄임 한다.
4. 76단 50코가 된다. 전체 높이 96단(34cm) 될 때까지 줄무늬메리야스뜨기(2번 참고)로 이어 뜬다.
5. 97단에서 18코를 뜨고 14코 코막음한 다음 한쪽 어깨씩 남은 코로 목둘레 쪽으로 2단마다 3코씩 1번 줄이기→2단마다 2코씩 2번 줄이기→2단마다 1코씩 1번 앞목줄임 한다.
6. 104단 10코가 된다.

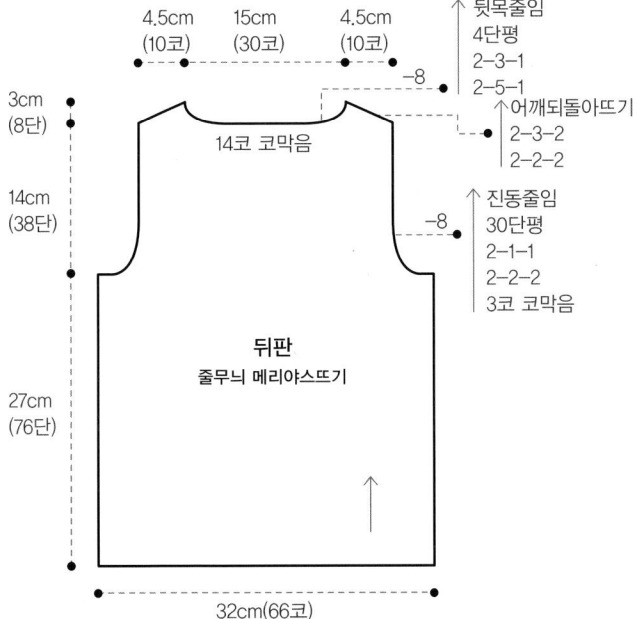

7. 106단(38cm)까지 이어 뜬 후 107단부터 다음과 같이 되돌아뜨기(왼쪽 아래로 경사)해 어깨처짐을 준다.
   : 2단마다 2코씩 2번 되돌아뜨기→2단마다 3코씩 2번 되돌아뜨기 (어깨 : 10코씩)
8. 114단에서 남아 있는 10코를 안전핀에 걸어둔다.
9. 5에 남아 있는 18코도 위와 같이 대칭되게 뜨고 남은 코는 안전핀에 걸어둔다.

소매

1. 그린색 실과 대바늘 3.5mm로 시작코 46코를 만들어 1코/1코 고무단으로 6단(1.5cm) 뜬다.
2. 다음 단부터 대바늘 4mm로 바꾼다.
3. 줄무늬 메리야스뜨기
   : (화이트 2단→그린 2단→화이트 2단→레드 2단)×끝까지 계속 반복한다.
4. 고무단에서 시작해 높이가 12단(4.5cm)이 될 때까지 뜬 후 13단부터 다음과 같이 줄여 양쪽 소매산을 만든다.
   : 양쪽에서 3코씩 코막음→2단마다 2코씩 1번 줄이기→2단마다 1코씩 2번 줄이기→4단마다 1코씩 3번 줄이기→2단마다 1코씩 2번 줄이기→2단마다 2코씩 2번 줄이기
5. 40단(14.5cm) 14코가 된다. 다음 단에서 남아 있는 모든 코를 코막음한다.

주머니

1. 그린색 실과 대바늘 4mm로 시작코 16코를 만든다.
2. 그린 3단→화이트 2단→그린 2단→화이트 2단→그린 2단→화이트 2단→레드 4단→화이트 2단→레드 2단→화이트 2단을 뜬다.
3. 다음 단부터 모든 코를 느슨하게 코막음한다.

연결하기

1. 앞판과 뒤판 어깨를 연결한다.
2. 앞판 옆선 아랫단은 3cm, 뒤판 옆선 아랫단은 6cm 남기고 꿰맨다.
3. 소매 옆선을 꿰매고 몸판 진동둘레에 연결한다.
4. 목둘레 밴드 : 그린색 실과 대바늘 3.5mm로 목둘레에서 4세 82코 / 6세 88코를 잡은 다음 1코/1코 고무단으로 4단 뜬다. 다음 단에서 느슨하게 코막음한다.
5. 주머니를 앞판 줄무늬와 나란히 오도록 놓고 돗바늘로 꿰맨다.

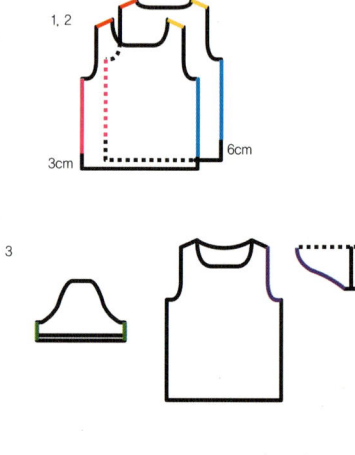

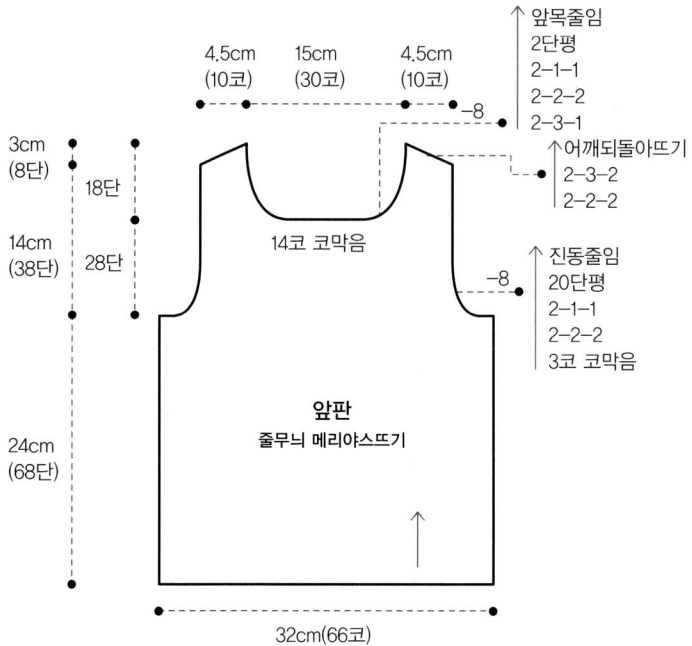
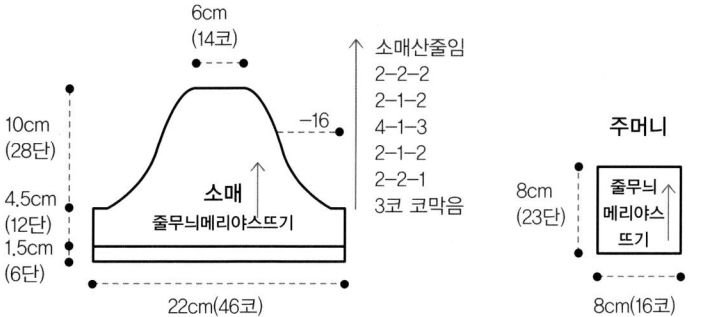

〈6세용〉

뒤판

1. 화이트색 실과 대바늘 4mm로 시작코 72코를 만든다.
2. 화이트 2단→그린 2단→화이트 2단→레드 2단)×끝까지 반복한다.
3. 82단(29cm)까지 뜬 후 83단부터 양쪽에서 3코씩 코막음→2단마다 2코씩 2번 줄이기→2단마다 1코씩 2번 진동줄임 한다.
4. 92단 54코가 된다. 전체 높이가 126단(45cm) 될 때까지 줄무늬메리야스뜨기(2번 참고)로 이어 뜬다.
5. 127단에서 19코를 뜨고 16코 코막음한 후 다음과 같이 되돌아뜨기(왼쪽 아래로 경사)해 한쪽 어깨씩 어깨처짐을 준다.
   : 2단마다 2코씩 1번 되돌아뜨기→2단마다 3코씩 3번 되돌아뜨기 (어깨 : 11코씩)
6. 5와 뒷목줄임을 동시에 한다.
   : 목둘레 쪽으로 2단마다 5코씩 1번 줄이기→2단마다 3코씩 1번 줄이기
7. 134단에 남아 있는 11코를 안전핀에 걸어둔다.
8. 5에서 바늘에 남아 있는 19코도 위와 같이 대칭되게 뜨고 남은 코는 안전핀에 걸어둔다.

앞판

1. 레드색 실과 대바늘 4mm로 시작코 72코를 만든다.
2. 레드 4단→화이트 2단→레드 2단→화이트 2단→레드 2단→화이트 2단
   파스텔블루 4단→화이트 2단→파스텔블루 2단→화이트 2단→파스텔블루 2단→화이트 2단
   오렌지 4단→화이트 2단→오렌지 2단→화이트 2단→오렌지 2단→화이트 2단
   옐로 4단→화이트 2단→옐로 2단→화이트 2단→옐로 2단→화이트 2단
   그린 4단→화이트 2단→그린 2단→화이트 2단→그린 2단→화이트 2단
   *위의 총 70단을 끝까지 반복한다.
3. 74단(26cm)까지 뜬 후 75단부터 양쪽에서 3코씩 코막음→2단마다 2코씩 2번 줄이기→2단마다 1코씩 2번 진동줄임 한다.
4. 84단 54코가 된다. 전체 높이가 104단(37cm)가 될 때까지 줄무늬 메리야스뜨기 (2번 참고) 로 이어 뜬다.
5. 105단에서 19코를 뜨고 16코 코막음한 다음 한쪽 어깨씩 앞목줄임을 한다.
   : 목둘레 쪽으로 2단마다 3코씩 1번 줄이기→2단마다 2코씩 1번 줄이기→2단마다 1코씩 3번 줄이기
6. 114단 11코가 된다.
7. 118단(42cm)까지 이어 뜬 후 119단부터 다음과 같이 되돌아뜨기(왼쪽 아래로 경사)해 어깨처짐을 준다.
   : 2단마다 2코씩 1번 되돌아뜨기→2단마다 3코씩 3번 되돌아뜨기 (어깨 : 11코씩)
8. 126단에서 남아 있는 11코는 안전핀에 걸어둔다.
9. 5에 남아 있는 19코도 위와 같이 대칭되게 뜨고 남은 코는 안전핀에 걸어둔다.

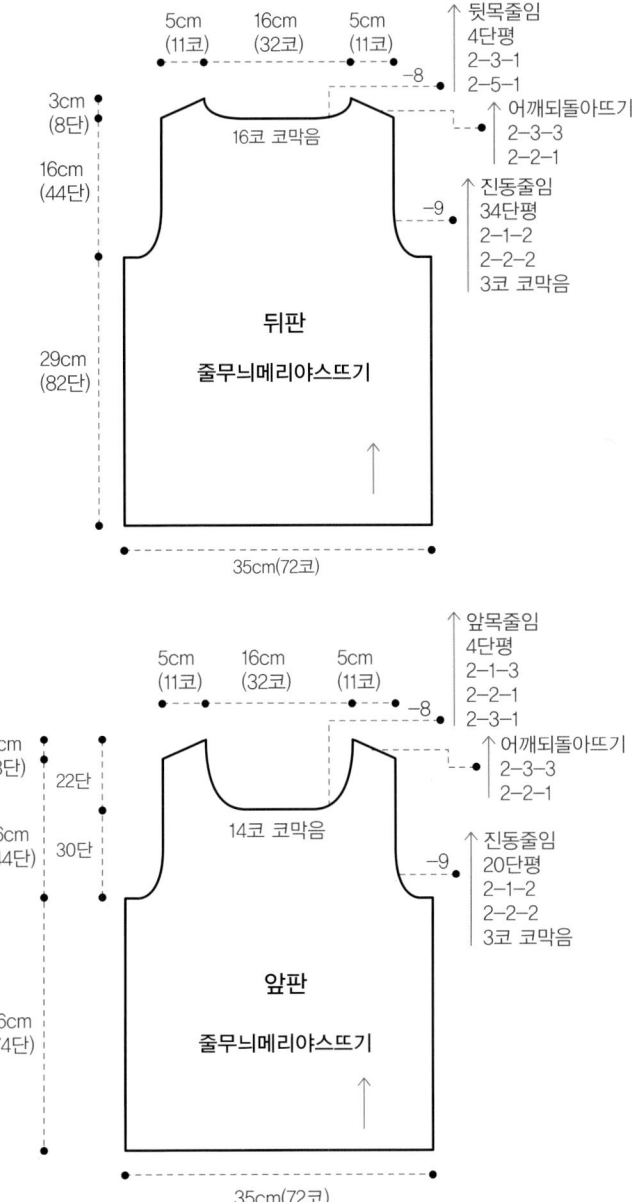

소매

1. 그린색 실과 대바늘 3.5mm로 시작코 50코를 만들어 1코/1코 고무단으로 6단(1.5cm)뜬다.
2. 다음 단부터 대바늘 4mm로 바꾼다.
3. (화이트 2단→그린 2단→화이트 2단→레드 2단)×끝까지 계속 반복한다.
4. 고무단에서 시작해 높이가 10단(3.5cm)이 될 때까지 뜬 후 11단부터 다음과 같이 줄여 양쪽 소매산을 만든다.
   : 양쪽에서 3코씩 코막음→2단마다 2코씩 2번 줄이기→2단마다 1코씩 2번 줄이기→4단마다 1코씩 3번 줄이기→2단마다 1코씩 2번 줄이기→2단마다 2코씩 2번 줄이기
5. 40단(14.5cm) 14코가 된다. 다음 단에서 남아 있는 모든 코를 코막음한다.

주머니

1. 그린색 실과 대바늘 4mm로 시작코 16코를 만든다.
2. 화이트 3단→그린 2단→화이트 2단→레드 4단→화이트 2단→레드 2단→화이트 2단→레드 2단→화이트 2단→파스텔블루 2단 뜬다.
3. 다음 단부터 모든 코를 느슨하게 코막음한다.

연결하기

1. 앞판과 뒤판 어깨를 연결한다.
2. 앞판 옆선 아랫단은 3cm, 뒤판 옆선 아랫단은 6cm 남기고 꿰맨다.
3. 소매 옆선을 꿰매고 몸판 진동둘레에 연결한다.
4. 목둘레 밴드 : 그린색 실과 대바늘 3.5mm로 목둘레에서 4세 82코 / 6세 88코를 잡은 다음 1코/1코 고무단으로 4단 뜬다. 다음 단에서 느슨하게 코막음한다.
5. 주머니를 앞판 줄무늬와 나란히 오도록 놓고 돗바늘로 꿰맨다.

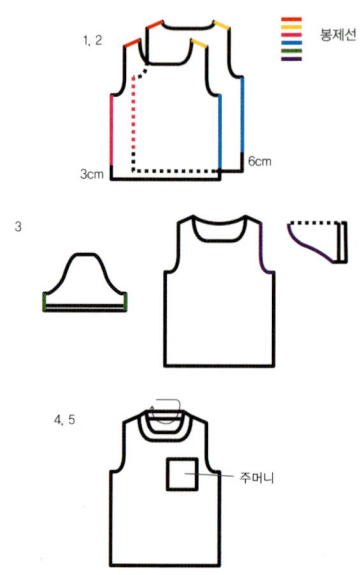

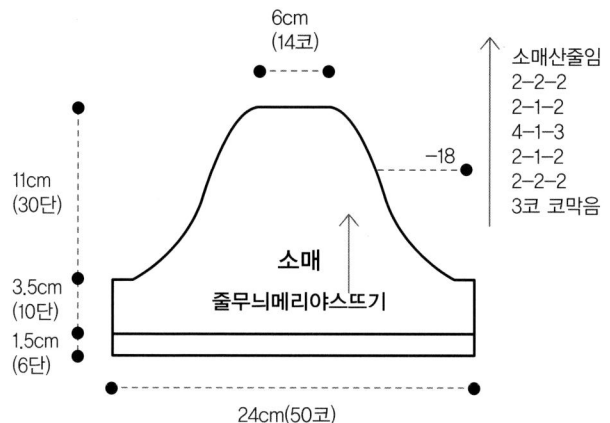

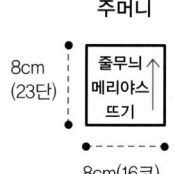

09
볼레로와 리본 장식 원피스
Bolero & Robe

리본 장식 원피스에 소매가 봉긋한 볼레로를 매치해 사랑스러운 소녀 느낌 완성! 볼레로는 앞여밈을 동글게 만들고 바늘비우기로 장식을 넣어요. 소매 밑단은 고무단뜨기로 마무리해야 볼륨이 풍성하게 잡혀요. 원피스는 먼저 앞뒤 몸판을 떠서 원통형으로 연결하고, 몸판 밑단부터 촘촘하게 스커트를 떠 내려가면 간단하게 만들 수 있어요.

How to make

볼레로

사이즈 6세(키 114cm)

준비물
실 : 필다르사 필 에틱(PHIL ETIK : 코튼 100%) 코랄핑크 (Corail) 3볼
대바늘 3mm와 3.5mm, 마커링
*구멍무늬 게이지(대바늘 3.5mm) 45코(20cm), 30단(10cm)

사용한 기법
메리야스뜨기, 2코/2코 고무단, 바늘비우기, 오른코 줄이기, 왼코 줄이기(2코 모아뜨기), 코 늘리기

만들기

뒤판
1. 대바늘 3.5mm로 시작코 73코를 만든다.
2. 구멍무늬 도안을 보며 다음과 같이 늘려 뜬다.
   〈뒤판 구멍 도안〉참고
   : 양쪽으로 6단마다 1코씩 1번 늘리기→4단마다 1코씩 1번 늘리기
3. 10단 77코가 된다. 14단(5cm)가 될 때까지 구멍무늬로 이어 뜬다.
4. 15단부터 양쪽에서 3코씩 코막음→2단마다 2코씩 1번 줄이기→2단마다 1코씩 3번 진동줄임 한다.
5. 24단 61코가 된다.
6. 64단(21cm)까지 구멍무늬로 이어 뜬 후 65단부터 다음과 같이 양쪽으로 되돌아뜨기해 어깨처짐을 만든다.
   : 양쪽에서 2단마다 5코씩 3번 되돌아뜨기
   (어깨 : 15코씩)
7. 70단에서 양쪽 어깨 15코씩 안전핀에 걸어둔다.
8. 다음 단에서 가운데 31코를 코막음해 뒷목둘레를 만든다.

앞판
1. 대바늘 3.5mm로 시작코 6코를 만든다.
2. 처음 2코는 〈뒤판 구멍 도안〉을 보며 1단 1코부터 뜨고, 4코는 메리야스뜨기로 다음과 같이 뜬다.
   오른쪽
   구멍무늬를 만들면서 늘린다.
   : 오른쪽으로 6단마다 1코씩 1번 늘리기→4단마다 1코씩 1번 늘리기→늘림 없이 4단 뜨기→2단마다 3코씩 1번 줄이기→2단마다 2코씩 1번 줄이기→2단마다 1코씩 3번 줄이기→늘림 없이 40단 뜨기
   왼쪽 마지막 4코
   항상 메리야스뜨기로 뜨고 늘리는 코는 구멍무늬를 만들면서 늘린다.
   : 왼쪽으로 2단마다 1코씩 11번 늘리기→4단마다 1코씩 3번 늘리기→6단마다 1코씩 5번 늘리기
3. 64단 19코가 된다.
4. 65단에서 다음과 같이 되돌아뜨기해 어깨처짐(오른쪽 경사)을 만든다.
   : 오른쪽에서 2단마다 5코씩 3번 되돌아뜨기 (어깨 : 15코씩)
5. 70단에서 오른쪽 15코를 안전핀에 걸어둔다.
6. 남은 4코를 메리야스뜨기로 18단(6cm) 더 뜬 다음 안전핀에 걸어둔다.
7. 같은 방법으로 오른쪽 앞판을 대칭되게 뜬다.

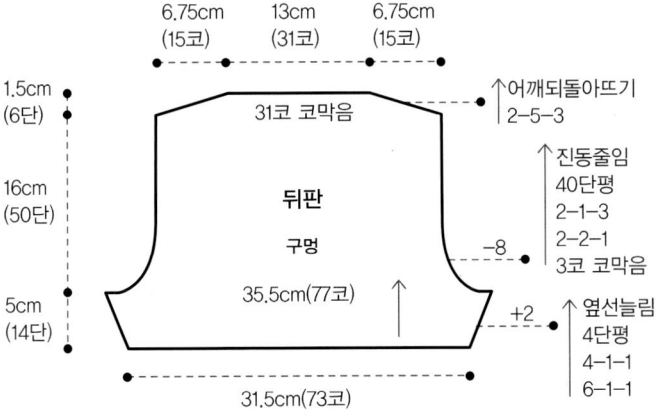

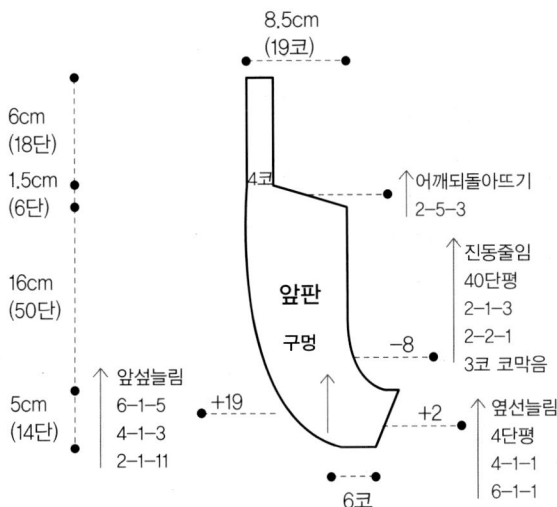

소매

1. 대바늘 3mm로 시작코 75코를 만들어 2코/2코 고무단으로 12단(3cm) 뜬다. 고무단 시작과 끝은 겉뜨기 2코씩 한다.
2. 대바늘 3.5mm로 바꾸어 첫 단에서 1코 늘리고, 고무단에서 시작해 높이가 6단(2cm) 될 때까지 구멍무늬로 이어 뜬다. (총 75코)
3. 고무단에서 시작해 높이 7단부터 다음과 같이 줄여 양쪽 소매산을 만든다.
   : 양쪽으로 3코 코막음→2단마다 2코씩 3번 줄이기→2단마다 1코씩 6번 줄이기→4단마다 1코씩 2번 줄이기→2단마다 1코씩 1번 줄이기→2단마다 2코씩 3번 줄이기→2단마다 3코씩 2번 줄이기
4. 46단(15cm)이 된다. 다음 단에서 남아 있는 15코 모두 코막음한다.
5. 같은 방법으로 소매 1장을 더 뜬다.

연결하기

1. 앞판과 뒤판 어깨를 연결한다.
2. 몸판과 소매 옆선을 꿰맨다.
3. 26cm짜리 아이코드를 2개 만들어 소매 고무단과 구멍무늬 사이를 손바느질로 고정한다.
4. 진동둘레에 소매를 달아준다.
5. 왼쪽 앞판과 오른쪽 앞판에 남은 4코를 연결한 다음 몸판 뒷목둘레에 꿰맨다.

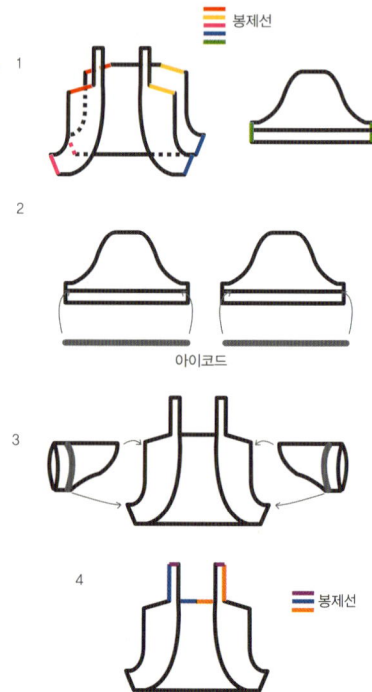

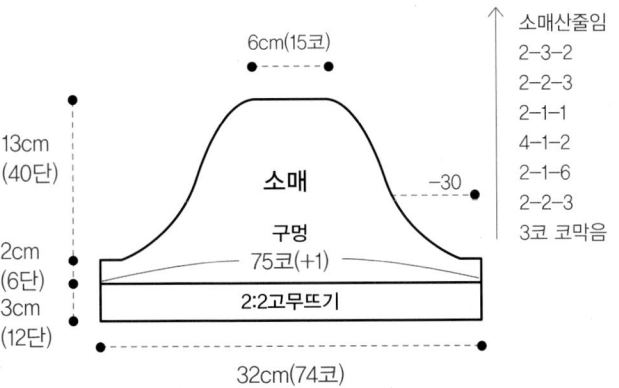

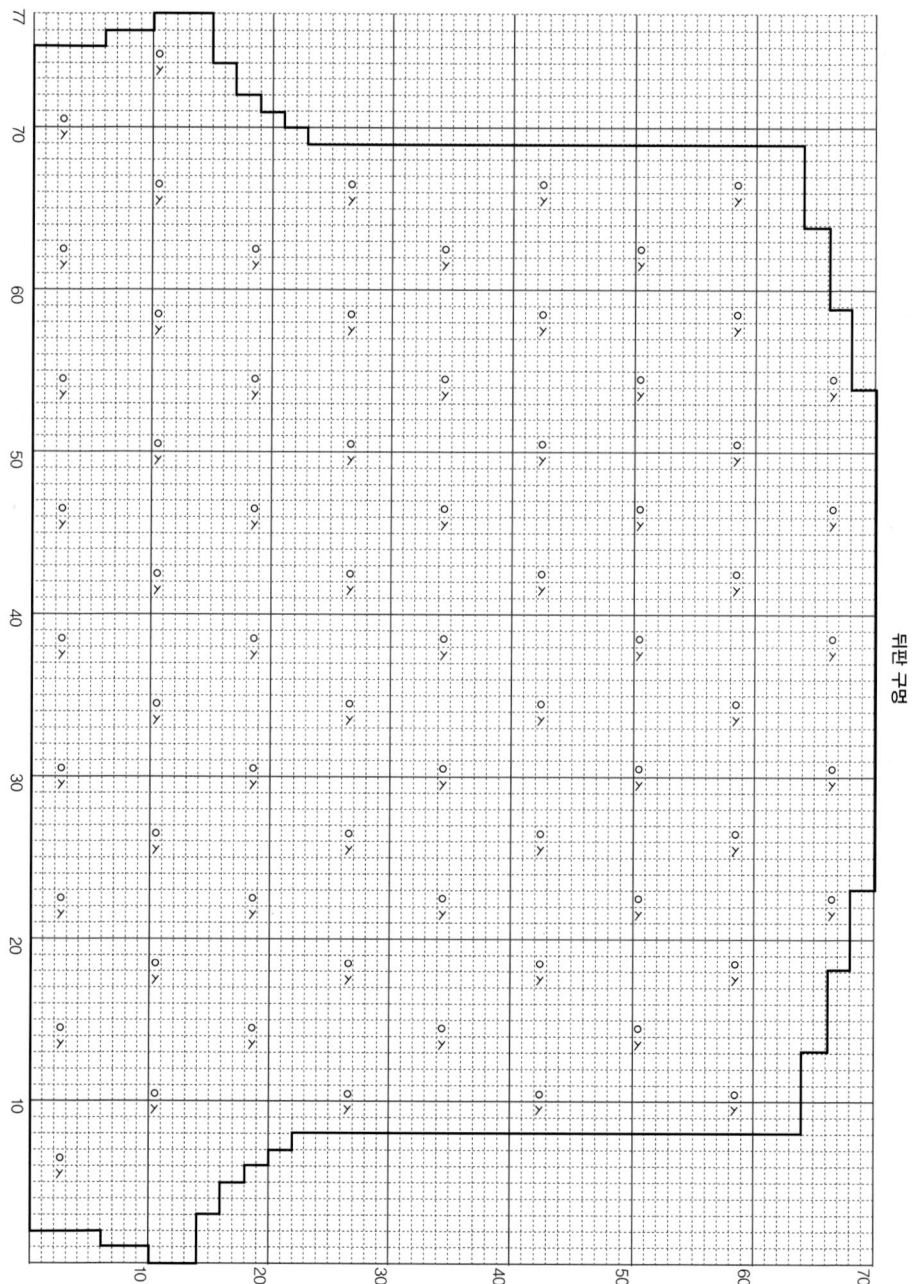

뒤판 구멍

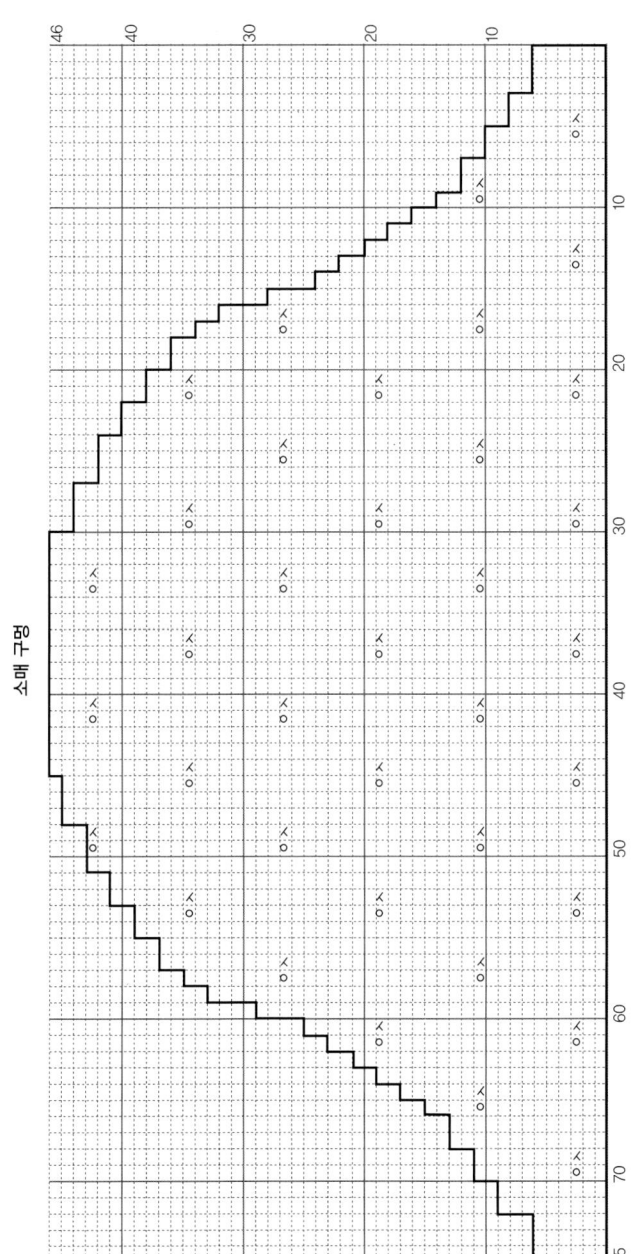

How to make

리본 장식 원피스

사이즈 6세(키 114cm)

준비물
실 : 필다르사 카버틴(CABOTINE : 코튼 55%, 아크릴 45%) 피치(Peau) 6볼
필다르사 필 에틱(PHIL ETIK : 코튼 100%) 코랄핑크(Corail) 1볼
대바늘 3mm, 코바늘 4호, 고무줄
*카버틴 메리야스 게이지(대바늘 3mm) 22코 32단
 필 에틱 메리야스 게이지(대바늘 3mm) 24코 33단

사용한 기법
메리야스뜨기, 중심3코 모아뜨기, 오른코 줄이기, 왼코 줄이기(2코 모아뜨기), 코 늘리기
코바늘 : 사슬뜨기, 1길 긴뜨기

만들기

뒤판과 앞판

1. 피치색 실과 대바늘 3mm로 시작코 158코를 만들어 메리야스뜨기로 132단(41.5cm) 뜬다.
2. 133단은 다음과 같이 코를 줄인다.
   : 겉뜨기 4코→(중심3코 모아뜨기 1번→겉뜨기 2코)×3번 반복→(중심3코 모아뜨기 1번→겉뜨기 1코)×6번 반복→중심3코 모아뜨기 24번→(겉뜨기 1코→중심3코 모아뜨기 1번)×6번 반복→(겉뜨기 2코→중심3코 모아뜨기 1번)×3번 반복→겉뜨기 4코 (남은 코 : 74코)
3. 134단은 안뜨기로 뜨면서 6코 늘려 뜬다. (총 80코)
4. 다음 단부터 코랄핑크색 실로 바꾸고 1단으로 센다. 메리야스뜨기로 10단(3cm) 뜬다.
5. 11단에서 양쪽으로 3코씩 코막음한다. *양쪽으로 시접코 3코씩 남기고 2단마다 1코씩 1번 줄이기→**2단마다 2코씩 8번 줄인다.
   *양쪽으로 시접코 3코씩 남기고 1코씩 줄이기
   : 겉뜨기 3코→2코 모아뜨기→5코 남을 때까지 겉뜨기→오른코 줄이기→겉뜨기 3코
   **양쪽으로 시접코 3코씩 남기고 2코씩 줄이기
   : 겉뜨기 3코→왼코 중심3코 모아뜨기→6코 남을 때까지 겉뜨기→오른코 중심3코 모아뜨기, 겉뜨기 3코
6. 30단(9cm) 40코가 된다. 다음 단에서 남아 있는 모든 코를 코막음한다.
7. 위와 같은 방법으로 1장 더 뜬다.

어깨끈

1. 코랄핑크색 실과 코바늘 4호로 사슬뜨기 46코(21cm)를 뜬다.
2. 기둥코 3코를 세우고 1길 긴뜨기로 1단을 뜬 다음 실을 자르고 마무리한다.
3. 위와 같은 방법으로 1장 더 뜬다.

리본

몸판

1. 코랄핑크색 실과 대바늘 3mm로 시작코 28코를 만들어 메리야스뜨기로 27단 뜬다.
2. 다음 단에서 모든 코를 덮어씌워 코막음한다.

중앙 끈

1. 코랄핑크색 실과 대바늘 3mm로 시작코 5코를 만들어 메리야스뜨기로 15단 뜬다.
2. 다음 단에서 모든 코를 덮어씌워 코막음한다.

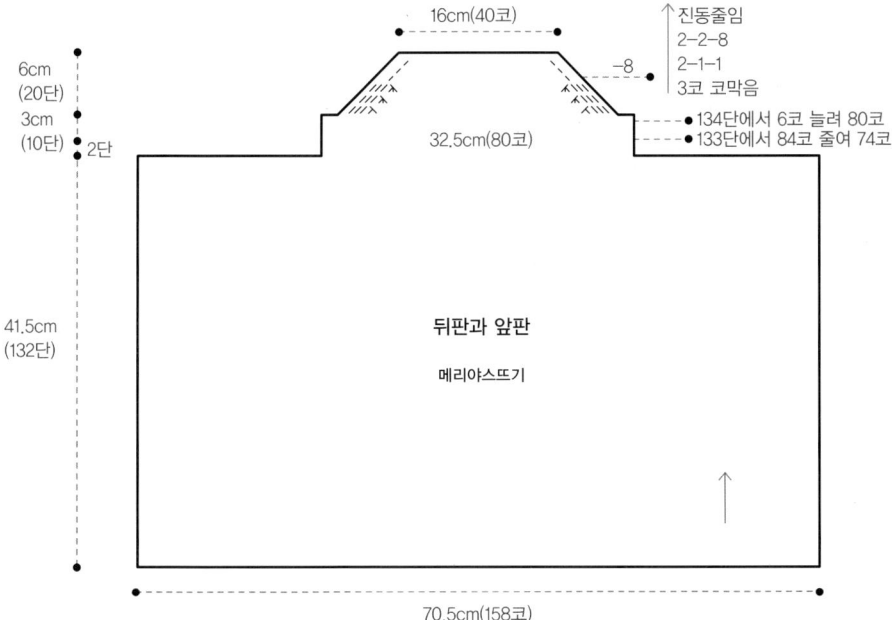

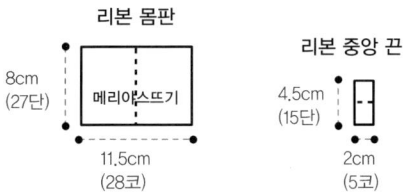

연결하기

1. 몸판 옆선을 꿰맨다.
2. 어깨끈을 꿰맨다.
3. 몸판 133번째단 중심3코 모아뜨기 한 부분에 고무줄을 통과시킨다.
4. 리본을 만든다. 앞부분은 반으로 접어 3면을 꿰맨다. 리본 앞부분과 뒷부분 중앙을 둥글게 감싼 다음 뒤쪽에서 꿰맨다.
5. 리본은 원피스 앞판에 달아준다.

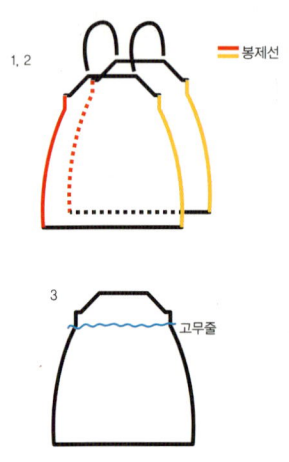

10
집업 조끼
Gilet

봄가을, 남자아이들에게 꼭 필요한 집업 조끼예요. 신축성 좋은 카버린 실로 만들어 활동하는 데 부담스럽지 않고, 앞여밈에 지퍼를 달아 입고 벗기도 편해요. 자칫 무거워 보일 수 있는 인디고색에 베이지색으로 포인트를 줘 경쾌함을 살렸어요.

How to make

집업 조끼

사이즈 6세(키 114cm)
준비물
실 : 필다르사 카버틴(CABOTINE : 코튼 55%, 아크릴 45%) 인디고(indigo) 5볼, 베이지(Sable) 1볼
대바늘 2mm와 2.5mm, 마커링, 안전핀, 지퍼 1개
*메리야스 게이지(대바늘 2.5mm) 24코 33단(추천 게이지보다 촘촘하게 뜬다)

사용한 기법
메리야스뜨기, 1코/1코 고무단, 배색하기, 오른코 줄이기, 왼코 줄이기(2코 모아뜨기), 되돌아뜨기

만들기
뒤판
1. 인디고색 실과 대바늘 2mm로 시작코 95코를 만들어 1코/1코 고무단으로 12단(3cm) 뜬다. 고무단 시작과 끝은 안뜨기로 1코씩 한다.
2. 다음 단에서 대바늘 2.5mm로 바꾼 다음 첫 단에서 1코 늘려 뜬다. (총 96코) 지금부터 1단으로 센다.
3. 고무단에서 시작해 높이가 66단(20cm) 될 때까지 메리야스뜨기로 이어 뜬다.
4. 67단부터 양쪽에서 3코씩 코막음→2단마다 3코씩 1번 줄이기→2단마다 2코씩 3번 줄이기→2단마다 1코씩 4번 진동줄임 한다.
5. 84단 64코가 된다. 128단(39cm) 될 때까지 메리야스뜨기로 이어 뜬다.
6. 129단에서 겉뜨기로 26코 뜨고 12코를 코막음한 다음 남은 코로 다음과 같이 되돌아뜨기(왼쪽 아래로 경사)해 한쪽 어깨씩 어깨처짐을 준다.
   : 2단마다 3코씩 2번 되돌아뜨기→2단마다 4코씩 2번 되돌아뜨기(어깨 : 14코씩)
7. 6과 목둘레 쪽으로 2단마다 6코씩 2번 줄이기를 동시에 한다.
8. 136단에서 남아 있는 14코는 안전핀에 걸어둔다.
9. 6에 남아 있는 26코도 위와 같이 대칭되게 뜨고 남은 코는 안전핀에 걸어둔다.

앞판
1. 인디고색 실과 대바늘 2mm로 시작코 47코를 만들어 1코/1코 고무단으로 12단(3cm) 뜬다. 고무단 시작은 겉뜨기 2코→안뜨기 2코→1코/1코 고무단으로, 끝은 겉뜨기 1코로 한다.
2. 다음 단에서 대바늘 2.5mm로 바꾼 다음 첫 단에서 1코를 늘려 뜬다(총 48코). 1단으로 세고 (겉면에서 봤을 때) 겉뜨기 2코→안뜨기 2코→메리야스뜨기로 끝까지 뜬다.
3. 고무단에서 시작해 8단 뜬 후 9단부터 왼쪽에서 2마다 5코씩 1번 줄이기→2단마다 4코씩 1번 줄이기→2단마다 3코씩 1번 줄이기→2단마다 2코씩 1번 줄이기→2단마다 1코씩 2번 줄이기→4단마다 1코씩 2번 줄여 주머니 입구를 둥글게 만든다.
4. 28단 30코가 된다.
5. 44단까지 30코로 이어 뜬다.
6. 45단에서 왼쪽으로 1코 늘린 후(총 31코) 다음과 같이 왼쪽으로만 늘려준다.
   : 왼쪽에서 4단마다 1코씩 1번 늘리기→2단마다 1코씩 1번 늘리기→2단마다 2코씩 1번 늘리기→2단마다 3코씩 1번 늘리기→2단마다 4코씩 1번 늘리기→2단마다 6코씩 1번 늘리기
7. 58단 48코가 된다.
8. 66단(20cm)까지 메리야스뜨기로 이어 뜬다.
9. 67단부터 왼쪽에서 3코 코막음→2단마다 3코씩 1번 줄이기→2단마다 2코씩 3번 줄이기→2단마다 1코씩 4번 진동줄임 한다.
10. 84단 32코가 된다. 116단(35cm) 될 때까지 메리야스뜨기로 이어 뜬다.
11. 117단부터 오른쪽에서 4코 코막음→2단마다 3코씩 2번 줄이기→2단마다 2코씩 2번 줄이기→2단마다 1코씩 4번 앞목줄임 한다.

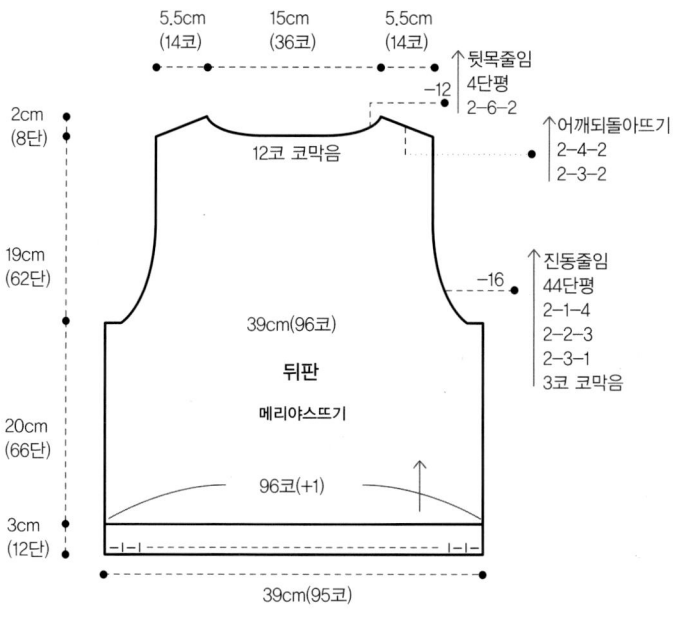
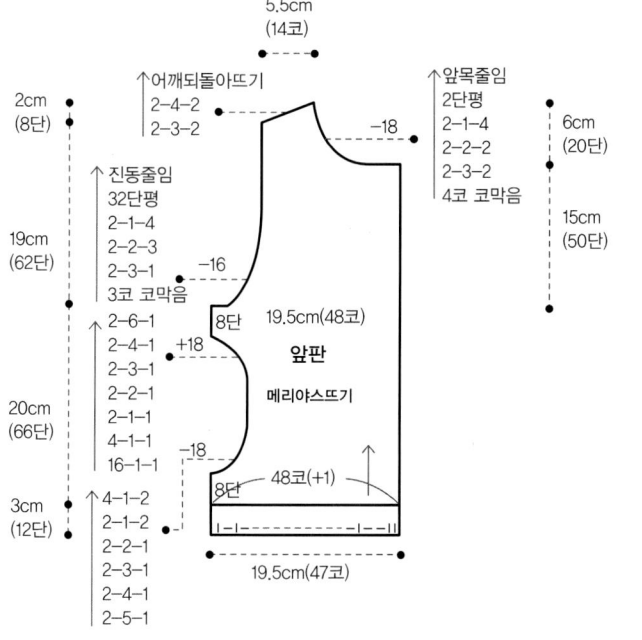

12. 134단 14코가 된다.
13. 11번 앞목줄임을 하다 128단(39cm)이 되면 129단부터 다음과 같이 되돌아뜨기(왼쪽 아래로 경사)해 어깨처짐을 준다.
    : 2단마다 3코씩 2번 되돌아뜨기→2단마다 4코씩 2번 되돌아뜨기 (어깨 : 14코씩)
14. 136단에 남아 있는 14코를 안전핀에 걸어둔다.
15. 왼쪽 앞판도 위와 같은 방법으로 대칭되게 뜬다.

진동둘레 밴드

1. 인디고색 실과 대바늘 2mm로 시작코 7코를 만들어 1코/1코 고무단으로 124단(46cm) 뜬다. 고무단 시작과 끝은 겉뜨기 2코씩 한다.
2. 다음 단에서 모든 코를 코막음한다.
3. 같은 방법으로 1장 더 뜬다.

주머니 속

1. 베이지색 실과 대바늘 2.5mm로 시작코 48코 만든다. 줄무늬메리야스뜨기로 54단(16.5cm) 뜬다.
2. (베이지 6단→인디고 2단)×반복해 54단(16.5cm) 뜬다.
3. 다음 단에서 모든 코를 코막음한다.
4. 같은 방법으로 1장 더 뜬다.

주머니 고무단

1. 인디고색 실과 대바늘 2mm로 주머니 입구에서 시작코 60코를 잡아 1코/1코 고무단으로 8단(2.5cm) 뜬다. 고무단 시작과 끝은 겉뜨기 2코씩 한다.
2. 다음 단에서 모든 코를 느슨하게 코막음한다.
3. 반대쪽 주머니 고무단도 같은 방법으로 뜬다.

연결하기

1. 주머니를 꿰맨다.
   ① 앞판 메리야스뜨기 8번째단 안쪽 면에 주머니 속 첫 단을 놓고 시침핀으로 고정한다.
   ② 몸판 옆선과 앞여밈 방향(겉뜨기 2코와 안뜨기 2코 사이)을 따라 손바느질로 고정한다.
   ③ 주머니 위 아랫선을 안쪽에서 손바느질로 고정한다.
2. 앞판과 뒤판 어깨를 연결한다.
3. 몸판 옆선을 꿰맨다.
4. 진동둘레 밴드를 진동둘레에 감침질로 꿰맨다.
5. 칼라를 만든다.
   ① 인디고색 실과 대바늘 2.5mm로 목둘레에서 시작코 80코 잡아 인디고 18단(5cm)→베이지 6단→인디고 2단→베이지 6단 뜬다.
   ② 다음 단에서 베이지색 실로 모든 코를 코막음한다.
   ③ 칼라를 반으로 접어 코막음한 부분을 몸판 목둘레 안쪽에 감침질로 고정한다.
6. 앞여밈에 지퍼를 달아준다. 앞여밈 겉뜨기 2코와 안뜨기 2코 사이에 지퍼를 놓고 꿰맨다. 고무단 아랫부분에 1.5cm를 남겨두고 칼라 끝까지 고정한다.

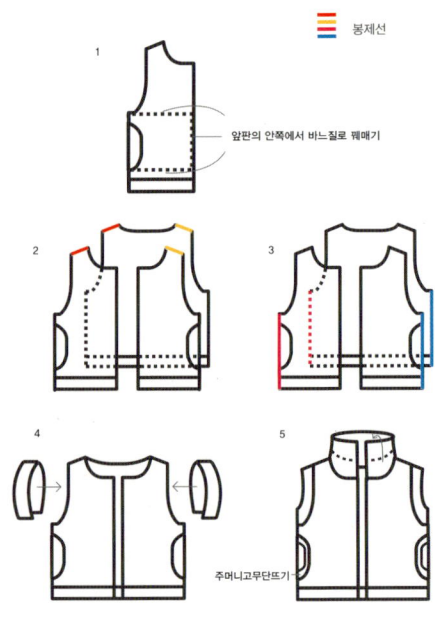

진동둘레 밴드(2장)

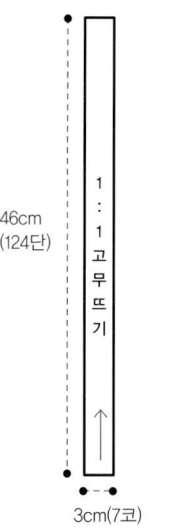

46cm
(124단)

1:1 고무뜨기

3cm(7코)

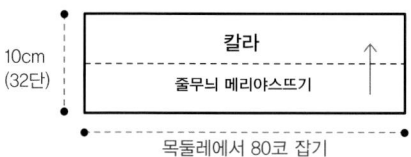

칼라

줄무늬 메리야스뜨기

10cm
(32단)

목둘레에서 80코 잡기

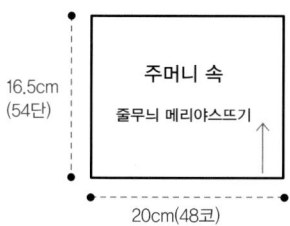

주머니 속

줄무늬 메리야스뜨기

16.5cm
(54단)

20cm(48코)

Sewing Level 3

DETAIL

응용 뜨개법으로 섬세한 프렌치 감성 더하기

사과 담은 카디건, 에스닉 원피스…
프랑스만의 고급스럽고 세련된 스타일을 표현해 봐요!

❄ 디테일과 완성도를 높여줄 비장의 뜨개법 ❄

평평한 폴로 칼라 만들기

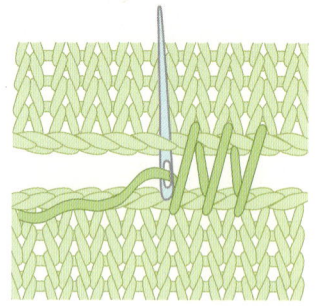

1 편물 겉면에서 코막음한 단과 목둘레 코막음한 단을 마주 보게 놓는다.
2 칼라와 목둘레에 코막음한 코에서 각각 바깥쪽에 반 코씩 바늘을 넣어 감침질한다.
3 편물은 안쪽 면이 위로 오도록 놓고 2에서 꿰매고 남은 반 코씩에 바늘을 넣어 감침질한다.
4 겉면과 안쪽 면이 모두 평평하게 봉제된다.

코 만들기

뜨개지 겉면에서 1코 만들 때

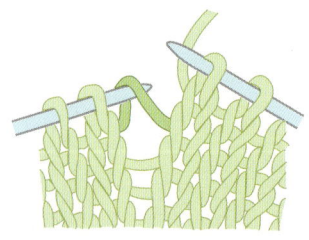

1 왼쪽 바늘로 코와 코 사이에 걸린 실을 앞에서 오른쪽으로 찔러 들어올린다.

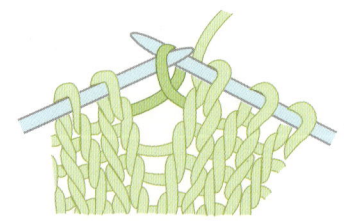

2 왼쪽 바늘에 새로 생긴 고리 뒤로 오른쪽 바늘을 찔러 겉뜨기(꼬아뜨기)로 뜬다.

바늘비우기

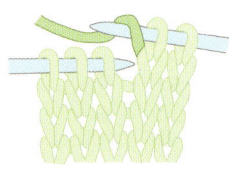 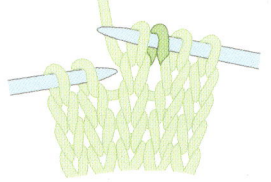 

1 그림과 같이 바늘 안쪽에서 바깥쪽 방향으로 실을 걸친다.

2 1에서 다음 코를 겉뜨기 한다.

3 완성된 모습.

코바늘뜨기

짧은뜨기

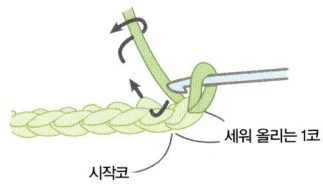 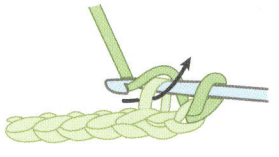

1 사슬뜨기를 한 1코를 세워 올려 시작코 뒷산에 끼워 넣는다.

2 바늘에 실을 걸어 화살표 방향으로 끌어낸다.

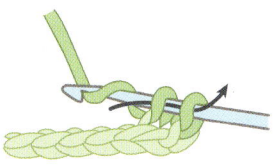 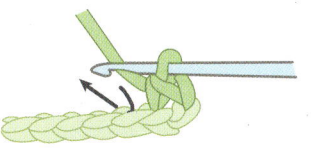

3 실을 또 건다. 바늘에 걸린 루프 2개 사이로 한번에 빼낸다.

4 완성된 모습.

긴뜨기

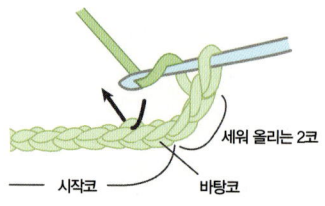

1 바늘에 실을 걸어 바탕코 왼쪽 사슬 뒷산에 넣는다.

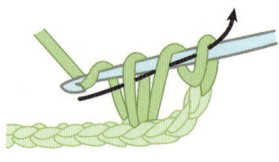

2 새로 루프를 끌어내고 다시 실을 걸어 루프 3개를 한번에 빼뜬다.

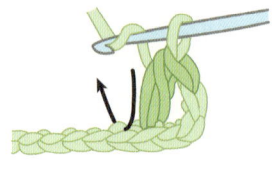

3 긴뜨기 1코가 완성된 모습. 1~2를 반복한다.

4 세워 올린 코를 1코로 센다. 긴뜨기 4코가 떠진 모습.

2길 긴뜨기

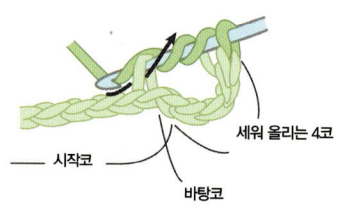

1 바늘에 실을 2번 감고 바탕 코 왼쪽 사슬 뒷산에 넣는다.

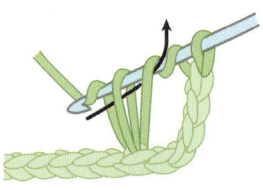

2 새로 루프를 끌어낸다. 실을 걸어 루프 2개를 한번에 빼뜬다.

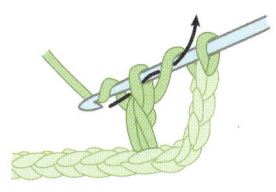 

3 다시 실을 걸어 루프 2개를 빼뜬다.

4 다시 한 번 실을 걸어 나머지 루프를 한번에 빼뜬다.

01
칼라 달린 점프수트
Combinaison

점프수트도 얼마든지 특별하게 만들 수 있답니다. 상의와 하의 컬러를 다르게 해 마치 두 벌을 입은 것처럼 연출했어요. 칼라를 만들고 단추를 달아 셔츠처럼 디자인하고 허리에는 벨트 고리를 달아요. 나비넥타이나 벨트와 함께 코디하면 특별한 날, 정장 느낌도 낼 수 있어요.

How to make

칼라 달린 점프수트

사이즈 18개월(키 81cm)
준비물
실 : 필다르사 코튼 3(PHIL COTON 3 : 코튼 100%) 화이트(Blanc) 4볼, 그레이(Mercure) 4볼
대바늘 2.5mm와 3mm, 마커링, 안전핀, 단추(지름 14mm) 3개, 스냅단추(지름 9mm) 9개
*메리야스 게이지(대바늘 3mm) 26코 35단

사용한 기법
1코/1코 고무단, 메리야스뜨기, 오른코 줄이기, 왼코 줄이기(2코 모아뜨기), 되돌아뜨기, 코 늘리기

만들기
뒤판
1. 그레이색 실과 대바늘 3mm로 시작코 36코를 만들어 양쪽으로 시접코 2코 남기고 38단마다 1코씩 1번 늘리면서 메리야스뜨기 한다.
2. 38단 38코가 된다. 74단(21.5cm)까지 메리야스뜨기로 이어 뜬다.
3. 75단에서 오른쪽으로 1코 늘린다.(총 39코) 다음 단은 오른쪽에서 2단마다 1코씩 2번 늘리기, 2단마다 2코씩 1번 늘리기 한다.
4. 80단 43코가 된다.
5. 고무단에서 시작해 82단(23.5cm)이 되면 실을 자르고 모든 코를 안전핀에 걸어둔다.
6. 두 번째 다리도 위와 같이 대칭되게 뜬다.
7. 바늘과 안전핀에 걸어둔 43코를 한 바늘로 옮겨 늘린 부분을 중앙에 위치시킨다. (총 86코)
8. 83단에서 양쪽으로 시접 2코씩 남기고 1코씩 줄인 후 (총 84코) *양쪽에서 시접코 2코 남기고 12단마다 1코씩 3번 줄인다.
   *양쪽에서 시접코 2코씩 남기고 줄이기 : 겉뜨기 2코 →2코 모아뜨기→4코 남을 때까지 겉뜨기→오른코 줄이기→겉뜨기 2코
9. 118단 78코가 된다.
10. 전체 높이 130단(37.5cm) 될 때까지 메리야스뜨기로 이어 뜬다.
11. 131단부터 양쪽에서 2단마다 8코씩 2번 되돌아뜨기→2단마다 9코씩 1번 되돌아뜨기 한다.
    *되돌아뜨기 6단은 전체 단수에서 뺀다.
12. 다음 단부터 대바늘 2.5mm로 바꾼다. 모든 코를 1코/1코 고무단을 10단(2.5cm)떠서 허리 벨트를 만든다.
13. 전체 높이가 140단(바깥쪽 옆선의 길이로 40cm) 될 때까지 고무단으로 뜬 다음 141단에서 대바늘 3mm 와 화이트색 실로 바꾼다.
14. 전체 높이 186단(바깥쪽 옆선의 길이로 53cm)이 될 때까지 메리야스뜨기로 이어 뜬다.
15. 187단부터 양쪽에서 3코씩 코막음→2단마다 2코씩 1번 줄이기→2단마다 1코씩 3번 진동줄임 한다.
16. 196단 62코가 된다. 232단(바깥쪽 옆선의 길이로 66cm)까지 메리야스뜨기 한다.
17. 233단에서 겉뜨기로 24코 뜨고 14코 코막음한 후 남은 코로 다음과 같이 되돌아뜨기(왼쪽 아래로 경사)해 한쪽 어깨씩 어깨처짐을 준다.
    : 2단마다 4코씩 1번 되돌아뜨기→2단마다 5코씩 2번 되돌아뜨기 (어깨 : 14코씩)
18. 17과 목둘레 쪽으로 2단마다 10코씩 1번 줄이기를 동시에 한다.
19. 238단에서 남아 있는 14코를 안전핀에 걸어둔다.
20. 17에 남아 있는 24코도 위와 같이 대칭되게 뜨고 남은 코는 안전핀에 걸어둔다.

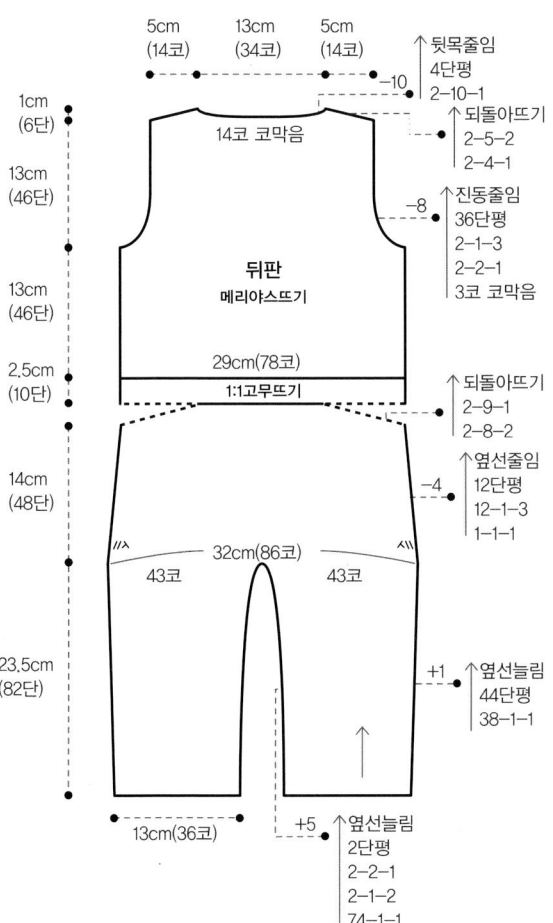

앞판

1. 그레이색 실과 대바늘 3mm로 시작코 36코를 만들어 다음과 같이 양쪽으로 시접코 2코 남기고 38단마다 1코씩 1번 늘리면서 메리야스뜨기 한다.
2. 38단 38코가 된다. 74단(21.5cm)까지 메리야스뜨기로 이어 뜬다.
3. 75단에서 오른쪽으로 1코 늘린다. (총 39코) 다음 단은 오른쪽에서 2단마다 1코씩 2번 늘리기→2단마다 2코씩 1번 늘리기 한다.
4. 80단 43코가 된다.
5. 고무단에서 시작해 높이 82단(23.5cm)이 되면 실을 자르고 모든 코를 안전핀에 걸어둔다.
6. 두 번째 다리도 위와 같이 대칭되게 뜬다.
7. 바늘과 안전핀에 걸어둔 43코를 한 바늘로 옮겨 코를 늘린 부분을 중앙으로 위치시킨다. (총 86코)
8. 83단에서 양쪽으로 시접 2코씩 남기고 1코씩 줄인 후(총 84코) *양쪽에서 시접코 2코 남기고 12단마다 1코씩 3번 줄인다.
   *양쪽으로 시접코 2코씩 남기고 줄이기 : 겉뜨기 2코→2코 모아뜨기→4코 남을 때까지 겉뜨기→오른코 줄이기→겉뜨기 2코
9. 118단 78코가 된다.
10. 전체 높이 130단(37.5cm) 될 때까지 메리야스뜨기로 이어 뜬다.
11. 131단부터 대바늘 2.5mm로 바꾼다. 모든 코를 1코/1코 고무단을 10단(2.5cm) 떠서 허리 벨트를 만든다.
12. 전체 높이가 140단(40cm)이 될 때까지 고무단으로 뜬 후 141단에서 대바늘 3mm와 화이트색 실로 바꾼다.
13. 전체 높이가 170단(40cm) 될 때까지 메리야스뜨기로 이어 뜬다.
14. 171단에서 처음 37코는 안전핀에 걸어두고 왼쪽 41코만 가지고 이어 떠서 앞트임을 만든다.
15. 186단(53cm)까지 뜬 후 187단부터 왼쪽에서 3코 코막음→2단마다 2코씩 1번 줄이기→2단마다 1코씩 3번 진동줄임 한다.
16. 196단 33코가 된다. 214단(61cm)까지 메리야스뜨기 한다.
17. 215단에서 오른쪽에서 8코 코막음→2단마다 3코씩 2번 줄이기→2단마다 2코씩 1번 줄이기→2단마다 1코씩 2번 줄이기→4단마다 1코씩 1번 앞목줄임 한다.
18. 230단 14코가 된다.
19. 232단(66cm)까지 뜬 후 233단부터 다음과 같이 되돌아뜨기(왼쪽 아래로 경사)해 어깨처짐을 준다.
    : 2단마다 4코씩 1번 되돌아뜨기→2단마다 5코씩 2번 되돌아뜨기 (어깨 : 14코씩)
20. 238단에 남아 있는 14코를 안전핀에 걸어둔다.
21. 14에서 안전핀에 걸어둔 37코가 186단(53cm) 될 때까지 메리야스뜨기로 이어 뜬다.
22. 187단에서 오른쪽에서 3코씩 코막음→2단마다 2코씩 1번 줄이기→2단마다 1코씩 3번 진동줄임 한다.
23. 196단 29코가 된다. 214단(61cm) 될 때까지 메리야스뜨기 한다.
24. 215단에서 왼쪽에서 4코 코막음→2단마다 3코씩 2번 줄이기→2단마다 2코씩 1번 줄이기→2단마다 1코씩 2번 줄이기→4단마다 1코씩 1번 앞목줄임 한다.
25. 230단 14코가 된다.
26. 232단(66cm)까지 뜬 후 233단부터 다음과 같이 되돌아뜨기(오른쪽 아래로 경사)해 어깨처짐을 준다.
    : 2단마다 4코씩 1번 되돌아뜨기→2단마다 5코씩 2번 되돌아뜨기 (어깨 : 14코씩)
27. 238단에 남아 있는 14코를 안전핀에 걸어둔다.

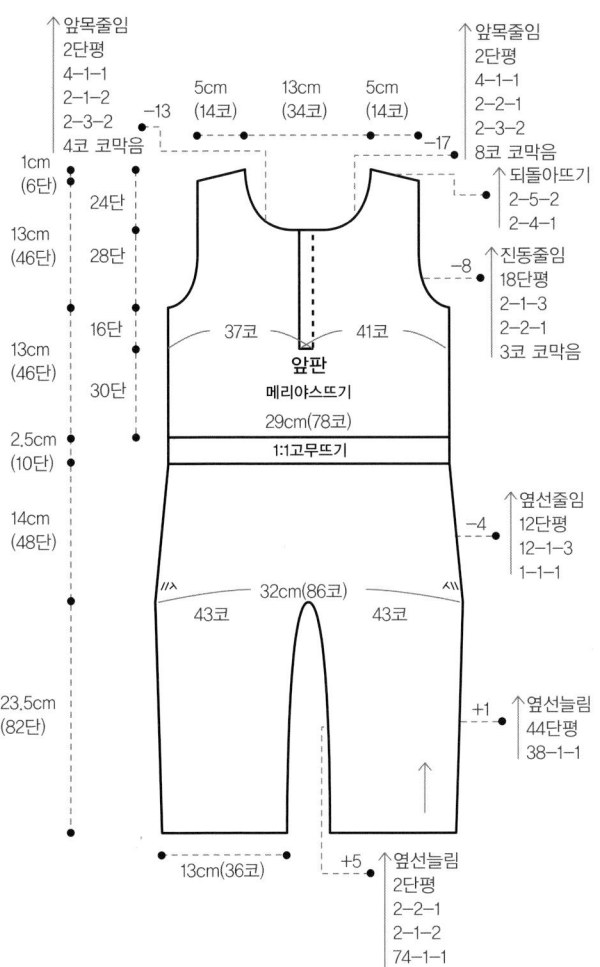

소매

1. 화이트색 실과 대바늘 3mm로 시작코 68코를 만들어 메리야스뜨기 한다.
2. 10단(3cm)이 되면 가장자리에 마커링을 걸어두고 소매단을 표시한다.
3. 전체 높이 26단(7.5cm)까지 뜬 후 27단부터 양쪽으로 다음과 같이 줄여 소매산을 만든다.
   : 양쪽으로 5코 코막음→2단마다 4코씩 1번 줄이기→2단마다 3코씩 3번 줄이기→2단마다 4코씩 1번 줄이기→2단마다 5코씩 1번 줄이기
4. 40단(11.5cm)이 된다. 다음 단에서 남아 있는 14코 모두 코막음한다.
5. 같은 방법으로 1장 더 뜬다.

칼라 덧단

1. 화이트색 실과 대바늘 2.5mm로 시작코 9코를 만들어 1코/1코 고무단으로 36단(12cm) 뜬다. 고무단 시작과 끝은 겉뜨기 2코씩 한다.
2. 다음 단에서 모든 코를 코막음한다.

바짓가랑이 덧단

1. 그레이색 실과 대바늘 2.5mm로 시작코 9코를 만들어 1코/1코 고무단으로 176단(49cm) 뜬다. 고무단 시작과 끝은 겉뜨기 2코씩 한다.
2. 다음 단에서 모든 코를 코막음한다.
3. 같은 방법으로 1장 더 뜬다.

벨트 고리

1. 그레이색 실과 대바늘 2.5mm로 시작코 7코를 만들어 메리야스뜨기로 16단 뜬 후 다음 단에서 모든 코를 코막음한다.
2. 같은 방법으로 3장 더 뜬다.

칼라

1. 화이트색 실과 대바늘 2.5mm로 시작코 107코를 만들어 1코/1코 고무단으로 18단(5cm) 뜬다. 고무단 시작과 끝은 겉뜨기 2코씩 한다.
2. 19단부터 양쪽에서 2단마다 14코씩 1번 줄이기→2단마다 13코씩 2번 줄인다.
3. 24단 27코가 된다.
4. 다음 단에서 모든 코를 코막음한다.

연결하기

1. 앞판과 뒤판 어깨를 연결한다.
2. 몸판과 소매 옆선을 꿰맨다.
3. 몸판에 소매를 달아주고 소매단을 바깥으로 접어 한 땀 꿰맨다.
4. 바지가랑이 덧단을 앞뒤판 가랑이에 꿰맨다.
5. 스냅단추 3개를 바짓가랑이 덧단에 일정한 간격으로 달아준다.
6. 폴로 덧단을 왼쪽앞판 트임에 꿰맨다.
7. 목둘레를 따라 칼라를 꿰맨다.
8. 단추 2개를 앞판 라이트그레이색 중앙에 일정한 간격으로 달아준다.
9. 앞뒤판 옆선에서 3cm씩 떨어진 위치에 벨트 고리를 꿰맨다.
10. 폴로 덧단에 일정한 간격으로 단춧구멍 3개를 만든다.
11. 단춧구멍과 대칭되는 위치에 단추를 달아준다.

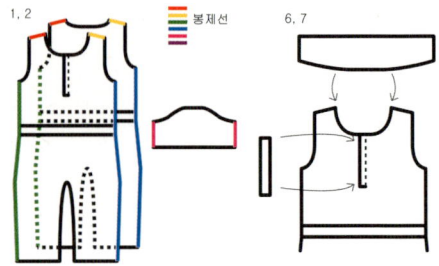

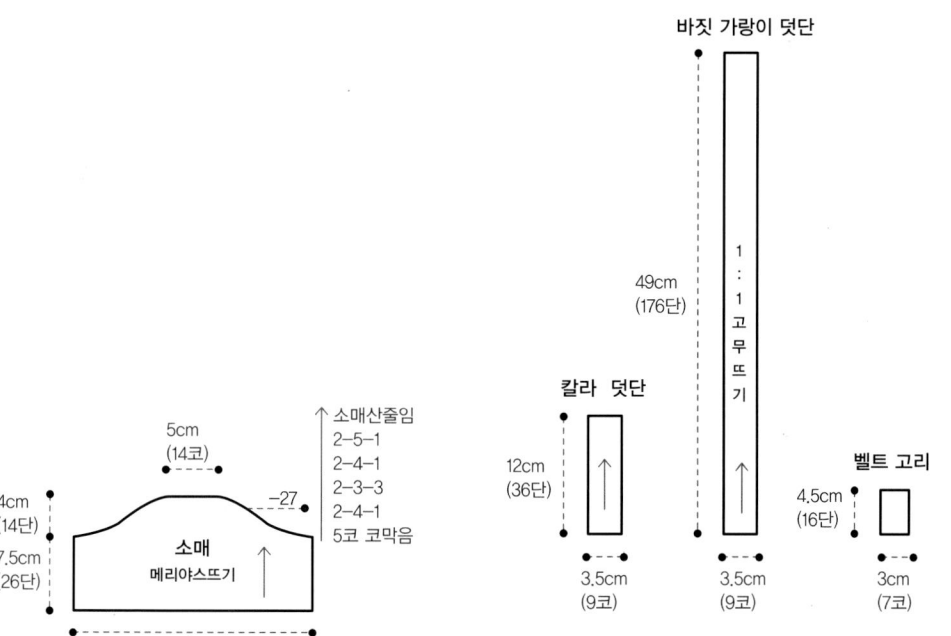
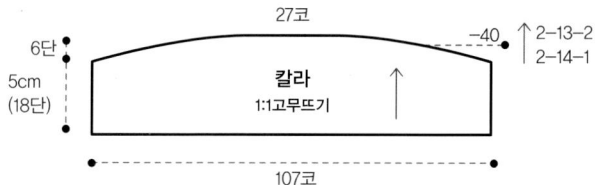

02
잎사귀 무늬 원피스
Robe

뜨개질에 자신이 생겼다면 대바늘과 코바늘을 번갈아 떠 무늬를 넣은 원피스를 만들어봐요. 뜨는 데 시간은 좀 더 걸리지만 옷이 완성됐을 때 짜임이 고급스러워 고생한 만큼 만족감을 느낄 수 있어요. 잎사귀 여러 개를 펼친 듯한 무늬뜨기가 가슴 부분과 하단에 자연스럽게 연결돼 세련돼 보이죠. 길이를 조금 길게 떠서 벨트와 함께 코디하면 또 다른 느낌을 연출할 수 있어요.

How to make

잎사귀 무늬 원피스

사이즈 2세(키 86cm)

준비물
실 : 필다르사 슈퍼베이비(SUPER BABY : 아크릴 70%, 울 30%) 라이트그레이(Givre) 6볼
대바늘 2.5mm와 대바늘(줄바늘) 3mm, 코바늘 4호, 마커링, 안전핀, 단추(지름 14mm) 3개
*응용무늬 게이지(대바늘 3mm) 20cm 55코, 10cm 40단
*응용무늬 게이지(대바늘 3mm) 10cm 40단

사용한 기법
메리야스뜨기, 가터뜨기, 감아코 만들기, 왼코 줄이기(2코 모아뜨기), 중심 3코 모아뜨기, 오른코 중심 4코 모아뜨기
*4코 모아뜨기 : 2코 걸러 뜬 후 다음 2코를 한꺼번에 겉뜨기로 뜨고, 걸러 뜬 2코로 뜬 코를 덮어씌운다.

만들기

몸판
1장으로 뜬다.
1. 대바늘 2.5mm로 시작코 133코를 만들어 가터뜨기로 6단(1cm) 뜬다.
2. 다음 단부터 대바늘(줄바늘) 3mm로 바꾸어 〈무늬 도안 1〉을 보면서 다음과 같이 51단 뜬다.
   : 시접코 1코→무늬 도안의 첫 번째 1코 뜨기→무늬 도안 2~11번째 코를 총 12번 반복→무늬 도안의 12~21번째 코 뜨기→시접코 1코
3. 51단까지 뜨면 130코 늘어나 총 263코가 된다.
4. 52단(안면)에서 다음과 같이 뜬다.
   : 시접코 1코를 코막음 하기→안뜨기 32코(뒤판)→67코는 안전핀에 걸어두기(소매)→감아코 만들기로 14코 만들기→안뜨기 63코(앞판)→감아코 만들기로 14코 만들기→67코를 안전핀에 걸어두기(소매)→안뜨기 32코(뒤판)→마지막 1코(시접코) 뜨기
5. 53단부터 바늘에 걸린 156코를 원형으로 돌려가며 52단 마지막 코를 왼쪽 바늘로 옮긴 후 오른코 중심 4코 모아뜨기(사용한 기법 참고)를 1번 한다.
   (남은 코 : 153코)
6. 5번과 동시에 53단에서 14코를 늘리고(모티브와 모티브 중앙에서 1코씩 늘린다. 총 167코) 〈무늬 도안 1〉을 따라 다음과 같이 늘려 뜬다.
   : 26단마다 14코씩 3번 늘리기(각 모티브의 중앙에서 1코씩)→26단마다 11코씩 1번 골고루 늘리기
   *53단에서 감아코 만들기를 한 코들은 메리야스뜨기 한다.
7. 82단에서 〈무늬 도안 1〉이 끝나면 메리야스뜨기로 이어 뜬다.
8. 156단 220코가 된다.
9. 182단까지 코늘림 없이 메리야스뜨기로 원형뜨기 한다.
10. 183단부터 〈무늬 도안 2〉의 10코를 끝까지 반복하여 뜬다.
11. 190단에서 〈무늬 도안 2〉가 끝나면 다음 단에서 모든 코를 코막음한다.

소매 밴드
1. 몸판에서 안전핀에 걸어둔 67코를 대바늘 2.5mm에 옮긴다. 가터뜨기로 4단 뜬 후 다음 단에서 모든 코를 코막음한다.
2. 반대쪽 소매도 같은 방법으로 뜬다.

연결하기
1. 소매 옆선을 진동둘레에 꿰매어 마무리한다.
2. 코바늘 4호로 뒷목 트임에 짧은뜨기 1단을 뜬다.
3. 뒷목 트임에 단춧고리를 3개 만든다.
4. 단춧고리와 대칭되는 곳에 단추를 달아준다.

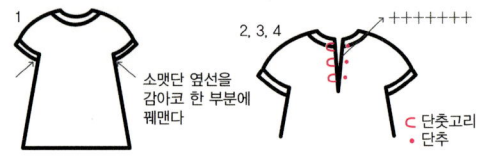

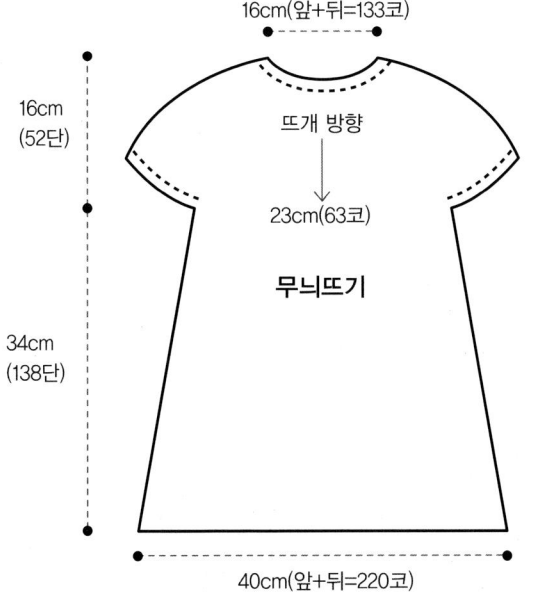

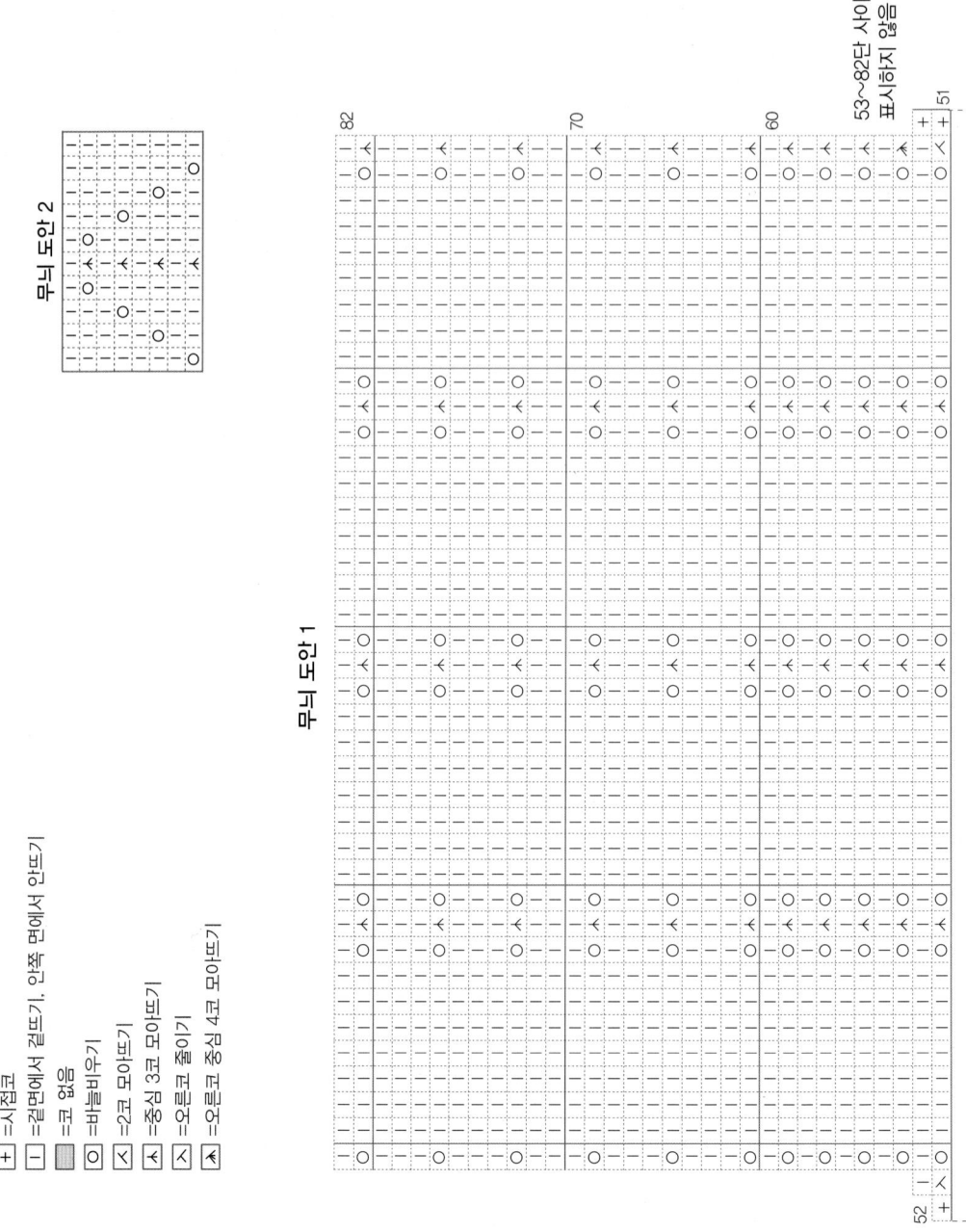

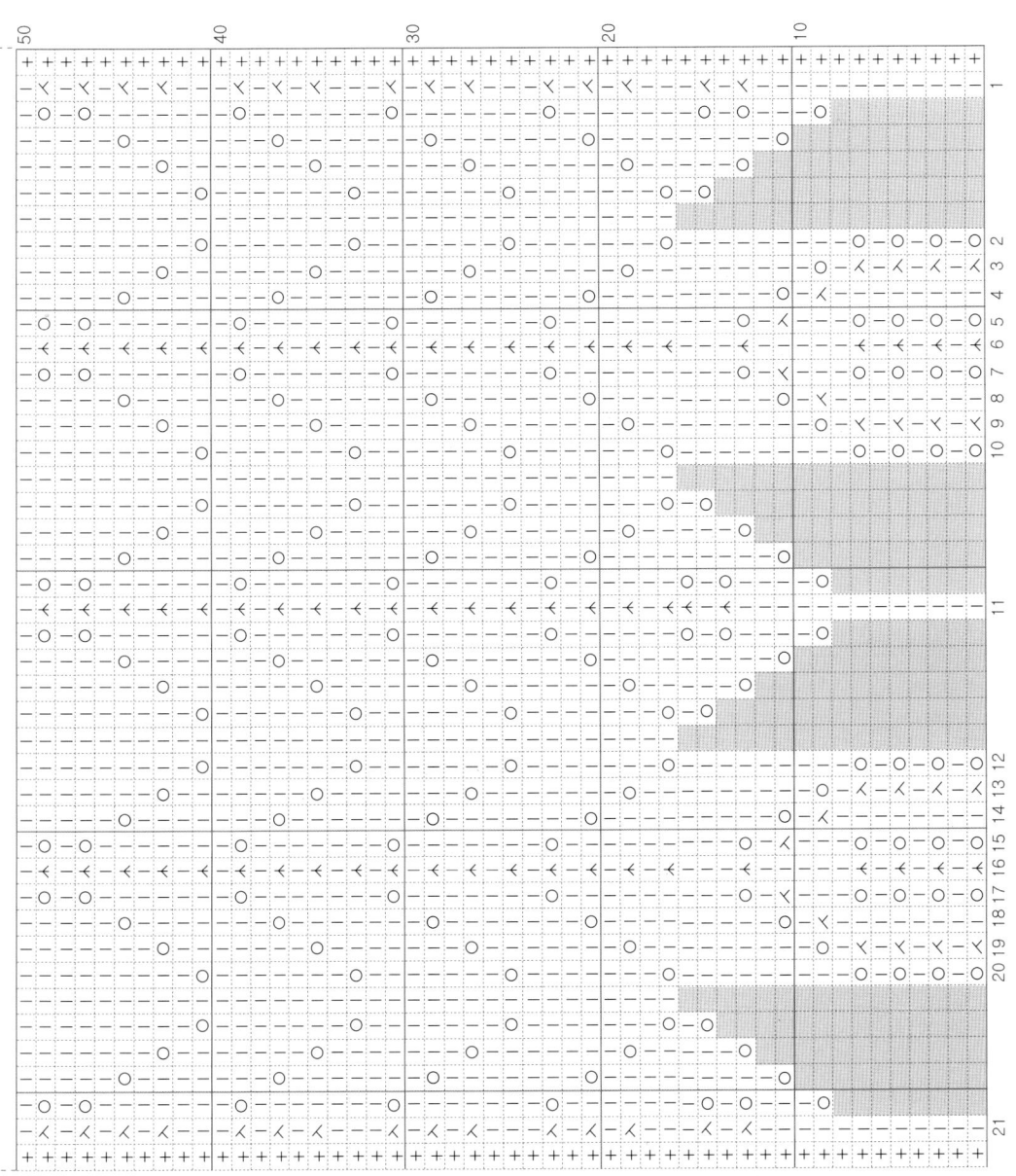

Robe

03
후드 달린 카디건
Paletot à capuche

찬바람 불기 시작하면 제일 먼저 챙기게 되는 필수 아이템이죠. 차분한 실버그레이색 바탕에 스카이블루색 실로 앞여밈과 후드, 양소매에 포인트를 주고 같은 색 단추를 달았어요. 교차뜨기로 뜬 꽈배기 무늬가 두께감을 더해 한겨울 외투 속에 입거나 간절기 외출복으로도 그만이에요.

How to make

후드 달린 카디건

사이즈 2세(키 86cm)

준비물
실 : 필다르사 코튼 3(PHIL COTON 3 : 코튼 100%) 실버그레이(Siver) 8볼, 스카이블루(Faïence) 1볼
대바늘 2.5mm 와 3mm, 꽈배기바늘, 안전핀, 마커링
*응용무늬 게이지(대바늘 3mm) 37코 42단

사용한 기법
2코/2코 고무단, 메리야스뜨기, 교차뜨기, 오른코 줄이기, 왼코 줄이기(2코 모아뜨기), 되돌아뜨기, 코 늘리기

만들기

몸판
1. 실버그레이색 실과 대바늘 2.5mm로 시작코 220코를 만들어 2코/2코 고무단으로 8단(2cm) 뜬다. 고무단 시작과 끝은 겉뜨기로 3코씩 뜬다.
2. 다음 단부터 대바늘 3mm로 바꾸고 도안을 보면서 끝까지 응용무늬로 뜬다. 지금부터 1단으로 센다. 시접코 1코 뜬 다음 〈무늬 도안〉 1번째 단, 20번째 코부터 도안을 보고 뜬다.
3. 1단을 뜨고 나면 24코가 늘어난다. (총 244코)
4. 고무단에서 시작해 높이가 76단(18cm) 될 때까지 무늬 도안을 보며 이어 뜬다.
5. 77단에서 처음 58코(오른쪽 앞판)를 8코 코막음 한 후 112코(뒤판)를 안전핀에 걸어둔다. 남은 58코(왼쪽 앞판)로 오른쪽에서 2단마다 4코씩 1번 줄이기→2단마다 2코씩 3번 줄이기→2단마다 1코씩 1번 진동줄임 한다.
6. 86단 47코가 된다. 고무단에서 시작해 122단(29cm)까지 이어 뜬다.
7. 123단부터 목둘레쪽(왼쪽)에서 8코 코막음→2단마다 6코씩 1번 줄이기→2단마다 5코씩 2번 앞목줄임 한다. 130단 23코가 된다.
8. 128단(30.5cm)까지 뜬 후 129단부터 다음과 같이 되돌아뜨기(오른쪽 아래로 경사)해 어깨처짐을 준다.
    : 2단마다 7코씩 1번 되돌아뜨기→2단마다 8코씩 2번 되돌아뜨기 (어깨 : 23코씩)
9. 다음 단에서 23코 모두 코막음한다.
10. 5번 오른쪽에 안전핀으로 걸어 둔 58코를 위와 대칭되게 뜬 다음 남은 코는 모두 코막음한다.
11. 5번 가운데 안전핀에 걸어 둔 112코를 양쪽에서 2단마다 4코씩 1번 줄이기→2단마다 2코씩 3번 줄이기→2단마다 1코씩 1번 진동줄임 한다.
12. 86단 90코가 된다. 128단(30.5cm)이 될 때까지 이어 뜬다.
13. 129단부터 다음과 같이 되돌아뜨기해 어깨처짐을 준다.
    : 양쪽에서 2단마다 7코씩 1번 되돌아뜨기→2단마다 8코씩 2번 되돌아뜨기→2단마다 6코씩 2번 되돌아뜨기 (양쪽으로 35코씩)
14. 138단이 된다. 다음 단에서 모든 코를 코막음한다.

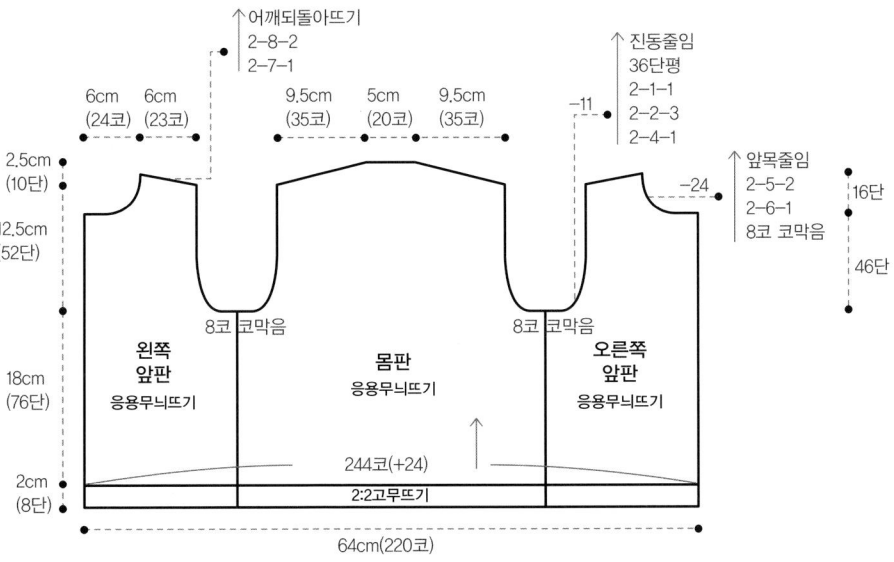

소매

1. 실버그레이색 실과 대바늘 2.5mm로 시작코 70코를 만들어 2코/2코 고무단으로 다음과 같이 10단(2.5cm) 뜬다. 고무단 시작과 끝은 겉뜨기로 2코씩 뜬다.
   : (실버그레이 2단→스카이블루 2단)×2번 반복→실버그레이 2단
2. 다음 단부터 대바늘 3mm로 바꾸고 도안을 보면서 끝까지 응용무늬뜨기 한다. 1단으로 센다. 시접코를 1코 뜬 다음 첫 번째 단, 13번째 코부터 〈무늬 도안〉을 보고 뜬다.
3. 1단을 뜨면 8코가 늘어난다. (총 78코)
4. 양쪽에서 8단마다 1코씩 1번 늘리기→6단마다 1코씩 9번 늘린다.
5. 총 62단 98코가 된다.
6. 고무단에서 시작해 높이 68단(16m)까지 뜬 후 69단부터 양쪽으로 다음과 같이 줄여 소매산을 만든다.
   : 양쪽으로 4코 코막음→2단마다 3코씩 2번 줄이기→2단마다 2코씩 3번 줄이기→2단마다 1코씩 3번 줄이기→4단마다 1코씩 1번 줄이기→2단마다 1코씩 3번 줄이기→2단마다 2코씩 3번 줄이기→2단마다 3코씩 2번 줄이기→2단마다 4코씩 1번 줄이기
7. 108단 20코가 된다.
8. 132단(31.5cm)까지 이어 뜬 후 133단부터 오른쪽에서 9코 코막음→2단마다 3코씩 1번 줄이기→2단마다 2코씩 1번 줄이기→2단마다 1코씩 2번 줄이기→4단마다 1코씩 1번 줄인다.
9. 146단 3코가 된다. 148단(35cm)까지 이어 뜬다.
10. 다음 단에서 2코 모두 코막음한다.
11. 두 번째 소매는 위와 같이 대칭되게 뜬다.

후드

1. 실버그레이색 실과 대바늘 2.5mm로 시작코 152코를 만들어 2코/2코 고무단으로 다음과 같이 8단(2cm) 뜬다. 고무단 시작과 끝은 안뜨기로 3코씩 한다(앞여밈 덧단과 꿰맬 시접 포함).
   : 실버그레이 2단→스카이블루 3단→실버그레이 3단
2. 다음 단부터 대바늘 3mm로 바꾸고 도안을 보며 끝까지 응용무늬로 뜬다. 1단으로 센다. 시접코를 1코 뜬 다음 첫 번째 단, 18번째 코부터 〈무늬 도안〉을 보고 뜬다.
3. 1단을 뜨면 16코가 늘어난다. (총 168코)
4. 고무단에서 시작해 높이 50단(12m)까지 뜬 후 51단부터 양쪽으로 2단마다 5코씩 1번 줄이기→2단마다 6코씩 9번 줄인다.
5. 70단 50코가 된다.
6. 71단부터 양쪽으로 6단마다 1코씩 9번 줄이기→4단마다 1코씩 2번 줄인다.
7. 132단 28코가 된다.
8. 136단(32.5cm)까지 이어 뜬 후 다음 단에서 남은 28코 모두 코막음한다.

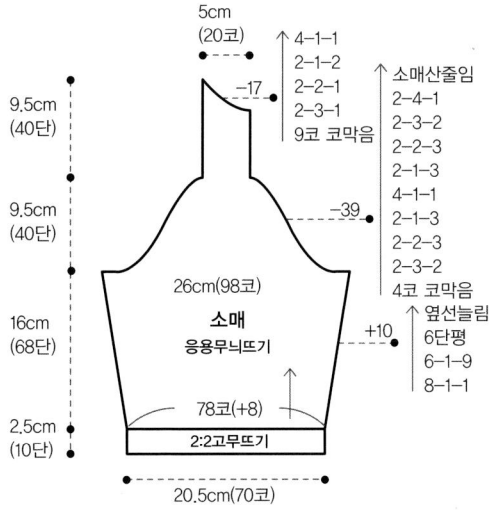
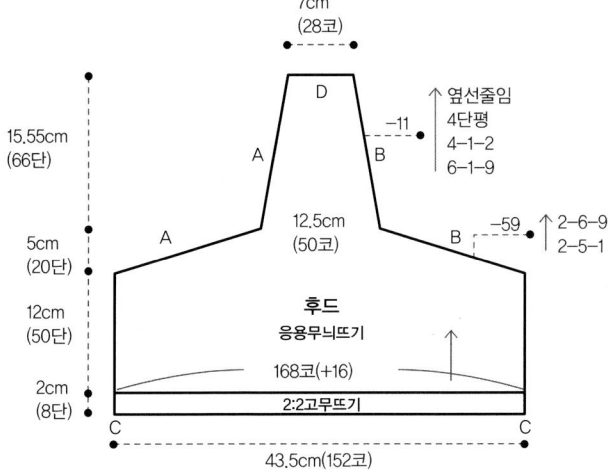

연결하기

1. 소매 어깨라인을 몸판 어깨에 꿰매고(더 짧은 쪽이 앞판) 진동둘레에 달아준다.
2. 몸판 옆선과 소매 아랫선을 이어서 꿰맨다.
3. 앞여밈 덧단을 뜬다.
   ① 실버그레이색 실과 대바늘 2.5mm로 앞여밈에서 시작코 106코를 잡아 2코/2코 고무단으로 실버그레이 3단→스카이블루 3단→실버그레이 2단씩 8단(2cm) 뜬다. 이때 고무단 시작과 끝은 겉뜨기로 3코씩 뜬다.
   ② 다음 단에서 모든 코를 코막음한다.
   ③ 반대쪽 앞판에서 코잡아 위와 같이 1장 더 뜬다.
   ④ 왼쪽 앞판 덧단에 다음과 같이 단춧구멍을 만든다.
   : 5번째 단 가장자리에 3코 들어가서 1개 만들고, 나머지 5개는 각각 20코씩 사이를 띄워서 만든다. 마지막 3코가 남는다.
   ⑤ 단춧구멍과 대칭되는 곳에 단추를 단다.
4. A, B선끼리 맞추어 꿰매 후드 모양을 만든다.
5. 목둘레에 후드 C점이 앞여밈 덧단과 만나고 D점은 뒤판 가운데에 오도록 고정한다.

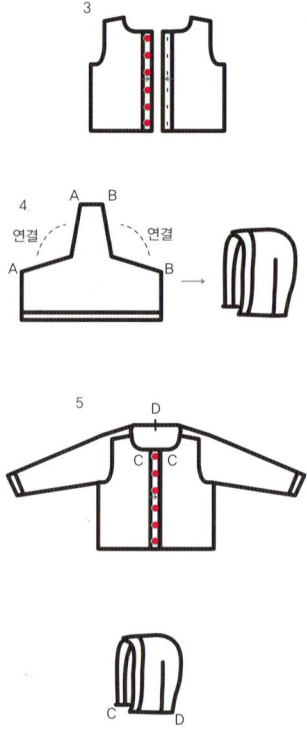

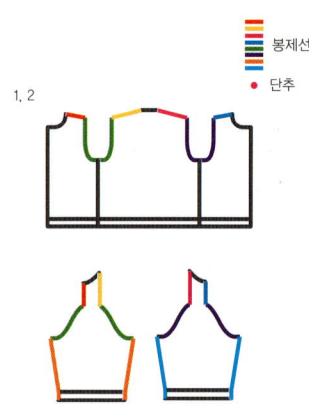

무늬 도안 - 도안 40코 = 10.5cm

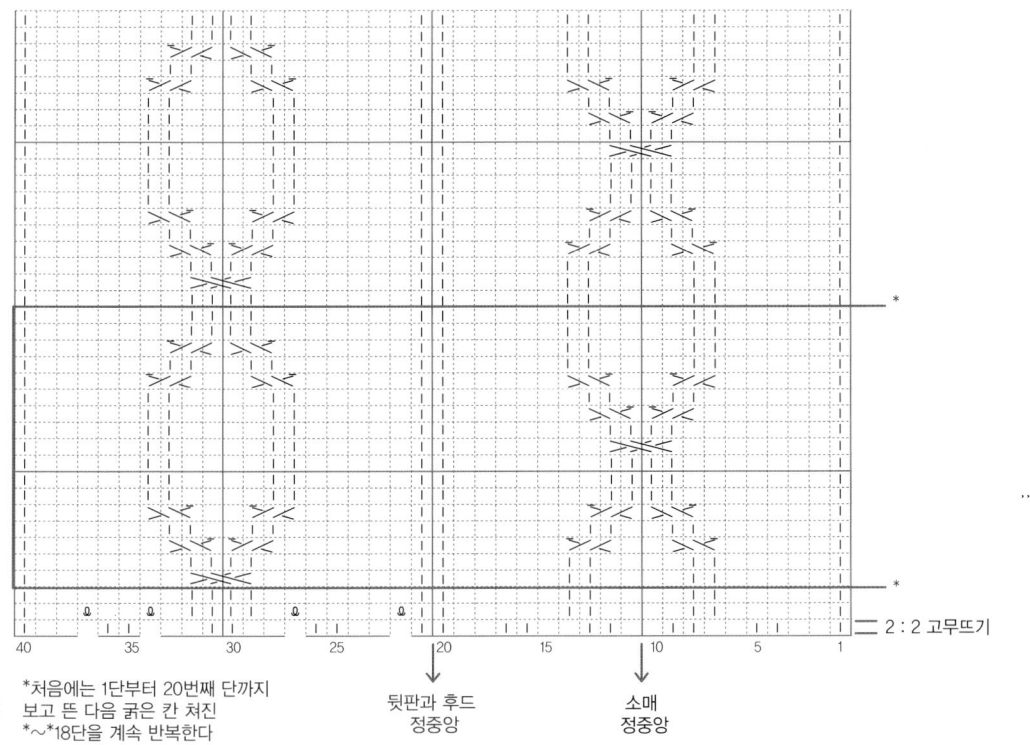

2 : 2 고무뜨기

*처음에는 1단부터 20번째 단까지
보고 뜬 다음 굵은 칸 쳐진
*~*18단을 계속 반복한다

뒷판과 후드
정중앙

소매
정중앙

☐ =겉면에서 겉뜨기, 안쪽면에서 안뜨기

☐ =겉면에서 안뜨기, 안쪽면에서 겉뜨기

☐ =코 만들기

=오른코 위 2코/1코 교차뜨기
2코를 꽈배기바늘에 옮기고 뜨개지 앞에 놓은 후
다음 코를 안뜨기하고 꽈배기바늘에 있는 2코를 겉뜨기한다

=왼코 위 1코/2코 교차뜨기
1코를 꽈배기바늘에 옮기고 뜨개지 뒤에 놓은 후
다음 2코를 겉뜨기하고 꽈배기바늘에 있는 1코를 안뜨기한다

=오른코 위 2코 교차뜨기
2코를 꽈배기바늘에 옮기고 뜨개지 앞에 놓은 후
다음 2코는 겉뜨기하고 꽈배기바늘에 있는 2코를 겉뜨기한다

04
고양이 캐릭터 원피스
Robe

가슴선부터 스커트 밑단까지 A라인으로 퍼지는 미니 원피스예요.
얇은 탈레사 실을 사용해 착용감이 좋고 시원한 게 포인트!
상의에 가터뜨기로 고양이 캐릭터를 넣고 스커트는 바늘비우기를 반복해
패턴을 만들어요. 하이웨이스트 스타일이라 니트로도,
원피스로도 활용할 수 있어요.

How to make

고양이 캐릭터 원피스

사이즈 6세(키 114cm)
준비물
실 : 필다르사 탈레사(THALASSA : 코튼 75%, 리오셀 25%) 카키(Safari) 5볼, 블랙(Noir) 3볼, 다크옐로(Orge) 1볼
대바늘 4mm, 고무줄
*구멍무늬 게이지(대바늘 4mm) 19코 28단
*메리야스와 배색무늬 게이지(대바늘 4mm) 20코 28단

사용한 기법
메리야스뜨기, 바늘비우기, 배색하기, 오른코 줄이기, 왼코 줄이기(2코 모아뜨기), 코 늘리기, 되돌아뜨기

만들기
뒤판

1. 카키색 실과 대바늘 4mm로 시작코 91코를 만들어 구멍무늬(〈구멍무늬 도안〉 참고)로 74단(26.5cm) 뜬다.
2. 75단은 겉뜨기로 뜨면서 다음과 같이 24코 줄여준다.
   : 겉뜨기 2코→(2코 모아뜨기→겉뜨기 2코→2코 모아뜨기→겉뜨기 2코→2코 모아뜨기→겉뜨기 1코)×8→겉뜨기 1코 (남은 코 : 67코)
3. 76단은 안뜨기로 1단 뜬다.
4. 다음 단부터 다크옐로색 실로 바꾸어 메리야스뜨기로 2단 뜬 다음 블랙 실로 바꾸어 이어 뜬다. (다크옐로색 첫 단을 1단으로 센다.)
5. 메리야스뜨기에서 시작해 높이가 16단(6cm) 될 때까지 메리야스뜨기로 이어 뜬다. 17단 양쪽에서 1코씩 늘린 다음 양쪽에서 4단마다 1코씩 3번 늘리기→6단마다 1코씩 2번 늘린다.
6. 40단 79코가 된다.
7. 메리야스뜨기에서 시작해 높이가 46단(17cm) 될 때까지 메리야스뜨기로 이어 뜬다.
8. 47단부터 다음과 같이 양쪽에서 되돌아뜨기해 어깨처짐을 해준다.
   : 양쪽에서 2단마다 4코씩 1번 되돌아뜨기→2단마다 5코씩 4번 되돌아뜨기 (어깨 : 24코씩)
9. 어깨처짐을 하다가 메리야스뜨기로 높이 50단(18cm)까지 뜬다. 51단부터 다음과 같은 방법으로 뒷목둘레를 만든다.
   : 정중앙의 11코를 코막음하고 한쪽 어깨씩 작업한다. 뒷목둘레 쪽으로 2단마다 10코씩 1번 줄인다.
10. 56단에서 남아 있는 24코는 안전핀으로 걸어둔다.
11. 반대쪽 어깨도 같은 방법으로 뜬 다음 남은 코는 안전핀에 걸어둔다.

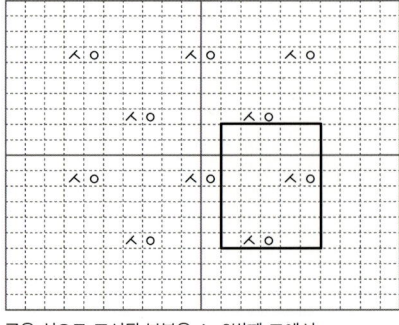

구멍무늬

굵은 선으로 표시된 부분은 4~9번째 코에서 5~12단을 반복한다

☐ =겉면은 겉뜨기 안쪽 면은 안뜨기
○ =바늘비우기
人 =2코 모아뜨기

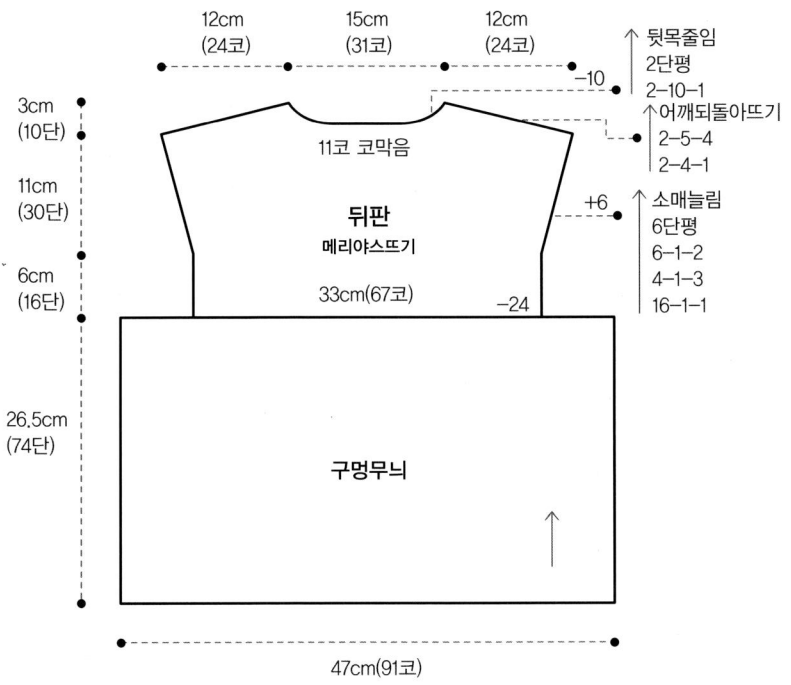

앞판

1~3. 뒤판과 동일하게 뜬다. (남은 코 : 67코)
4. 다음 단부터 다크옐로색 실로 바꾸어 메리야스뜨기로 2단 뜬 다음 블랙 실로 바꾸어 이어 뜬다. (지금부터 다크옐로색의 첫 단을 1단으로 센다.)
5. 메리야스에서 시작해 높이가 10단(3.5cm) 될 때까지 메리야스뜨기로 이어 뜬다.
6. 11단부터 블랙 실로 겉뜨기 20코→〈배색무늬 도안〉 참고〉 27코→블랙 실로 겉뜨기 20코 (총 67코) 하며 배색무늬를 넣는다.
   32단에서 배색무늬가 끝나면 블랙 실로 메리야스뜨기해 이어 뜬다.
7. 총 16단(6cm)까지 뜨고 나면 17단에서 양쪽으로 1코씩 늘린 다음 양쪽 4단마다 1코씩 3번 늘리기→6단마다 1코씩 2번 늘린다.
   40단 79코가 된다.
8. 6, 7번을 진행하다가 메리야스와 배색무늬로 38단(14cm)까지 뜨면 39단에서 다음과 같이 앞목줄임을 한다.
   : 정중앙 9코를 코막음하고 한쪽 어깨씩 작업한다.
   앞목둘레쪽으로 2단마다 4코씩 1번 줄이기→2단마다 3코씩 1번 줄이기→2단마다 2코씩 1번 줄이기→2단마다 1코씩 2번 줄이기
9. 앞목줄임을 하다가 메리야스와 배색무늬로 46단(17cm)까지 뜨고 나면 47단부터 다음과 같이 양쪽으로 되돌아뜨기하여 어깨처짐을 해준다.
   : 양쪽에서 2단마다 4코씩 1번 되돌아뜨기→2단마다 5코씩 4번 되돌아뜨기 (어깨 : 24코씩)
10. 56단에 남아 있는 24코를 안전핀으로 걸어둔다.
11. 반대쪽 어깨도 같은 방법으로 뜬 다음 남은 코는 안전핀에 걸어둔다.

연결하기

1. 앞판과 뒤판의 어깨를 연결한다.
2. 몸판 옆선은 다크옐로색으로 메리야스 2단 뜬 부분까지만 꿰맨다.
3. 다크옐로색으로 뜬 부분 안면에서 고무줄을 통과시킨다.

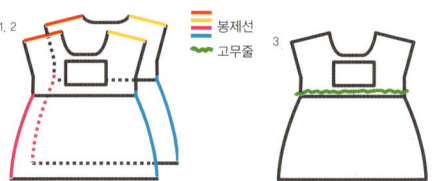

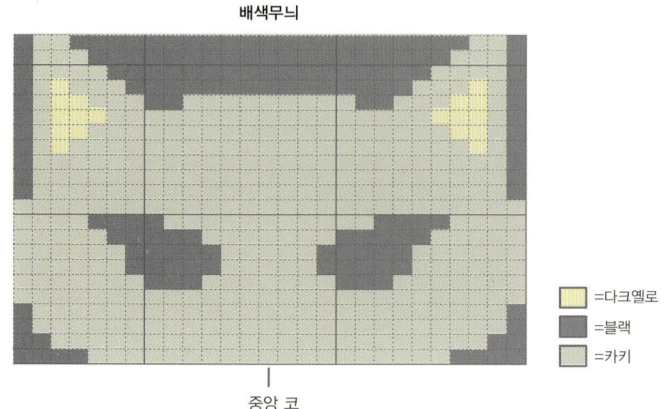

배색무늬

중앙 코

=다크옐로
=블랙
=카키

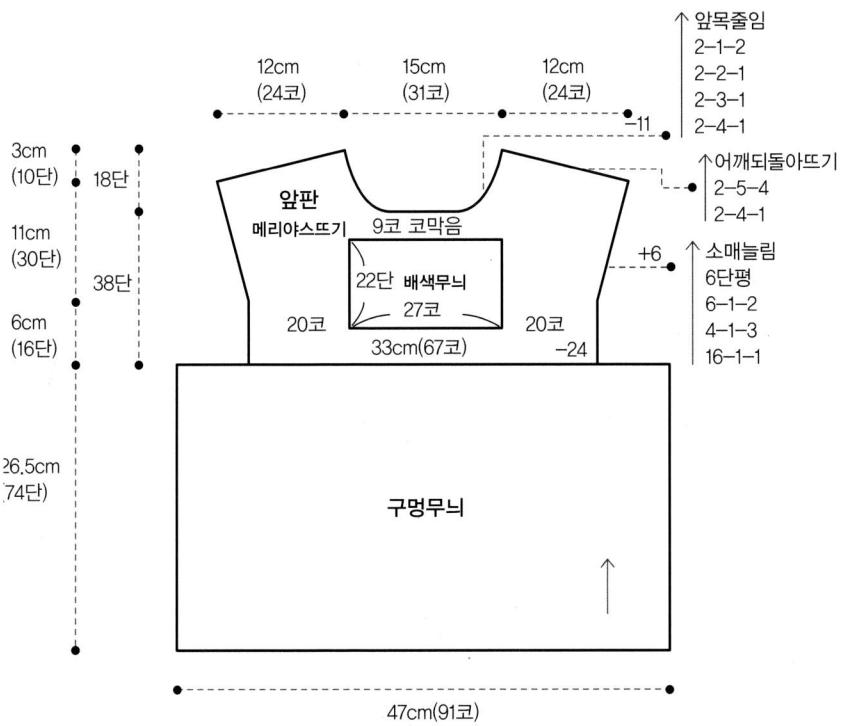

05
사과 담은 카디건
Cardigan

메리야스 스티치로 섬세하게 수놓은 사과 무늬가 포인트인 카디건이에요. 베이지색으로 앞여밈 덧단을 뜨고 위쪽에만 단추를 세 개 달아 양쪽의 사과와 겹치지 않게 한 센스야말로 프로의 한 수! 카디건과 같은 컬러의 이너나 A라인 원피스를 매치해 코디 완성도를 높여보세요.

How to make

사과 담은 카디건

사이즈 6세(키 114cm)

준비물
실 : 필다르사 텐드레스(Tendresse : 레이온 75%, 폴리아미드 25%) 아쿠아블루(Curçao) 5볼, 오렌지레드(Ecarlate) 1볼, 베이지(Beige) 2볼, 카키(Jungle) 1볼
대바늘 3.5mm와 4.5mm, 마커링, 안전핀, 단추(지름 15mm) 3개
*메리야스 게이지(대바늘 4.5mm) 21.5코 32단 (추천 게이지보다 촘촘하게 뜬다)

사용한 기법
3코/3코 고무단, 1코/1코 고무단, 메리야스뜨기, 오른코 줄이기, 왼코 줄이기(2코 모아뜨기), 코 늘리기, 되돌아뜨기
자수 : 메리야스 스티치

만들기

뒤판

1. 카키색 실과 대바늘 3.5mm로 시작코 81코를 만든 다음 3코/3코 고무단으로 10단(3cm) 뜬다. 고무단 시작과 끝은 안뜨기로 3코씩 한다.
2. 다음 단부터 아쿠아블루색 실과 대바늘 4.5mm로 바꾼다. 1단으로 센다.
3. 첫 단에서 1코 줄이고(총 80코) *양쪽으로 시접코 2코씩 남기고 14단마다 1코씩 2번 줄이기→12단마다 1코씩 2번 옆선을 줄이며 메리야스뜨기 한다. 52단 72코가 된다.
   *양쪽으로 시접코 2코씩 남기기 : 겉뜨기 2코→2코 모아뜨기→4코 남을 때까지 겉뜨기→오른코 줄이기→겉뜨기 2코
4. 64단(20cm)까지 메리야스뜨기로 이어 뜬다.
5. 65단부터 다음과 같이 양쪽에서 라그란줄임을 한다.
   : 양쪽에서 2코씩 코막음→4단마다 1코씩 1번 줄이기→2단마다 1코씩 8번 줄이기→4단마다 1코씩 1번 줄이기→2단마다 1코씩 8번 줄이기→4단마다 1코씩 1번 줄이기→2단마다 1코씩 4번 줄이기
6. 118단 22코가 된다. 다음 단에서 모든 코를 코막음한다.

앞판

1. 카키색 실과 대바늘 3.5mm로 시작코 39코를 만든 다음 3코/3코 고무단으로 10단(3cm) 뜬다. 고무단 시작은 안뜨기 4코로, 끝은 안뜨기 2코로 한다.
2. 다음 단부터 아쿠아블루색 실과 대바늘 4.5mm로 바꾼다. 1단으로 센다.
3. *왼쪽에서 시접코 2코씩 남기고 14단마다 1코씩 2번 줄이기→12단마다 1코씩 2번 옆선을 줄이며 메리야스뜨기 한다. 52단 35코가 된다.
   *왼쪽으로 시접코 2코씩 남기고 줄이기 : 4코 남을 때까지 겉뜨기→오른코 줄이기→겉뜨기 2코
4. 64단(20cm)까지 메리야스뜨기로 이어 뜬다.
5. 65단부터 다음과 같이 왼쪽에서 라그란줄임을 한다.
   : 왼쪽에서 2코 코막음→4단마다 1코씩 1번 줄이기→2단마다 1코씩 8번 줄이기→4단마다 1코씩 1번 줄이기→2단마다 1코씩 8번 줄이기→4단마다 1코씩 1번 줄이기→2단마다 1코씩 1번 줄이기
6. 106단(33cm)이 되면 107단부터 오른쪽에서 6코 코막음→2단마다 2코씩 2번 코막음해 앞목줄임한다.
7. 112단(35cm)까지 뜨면 3코가 남는다. 다음 단에서 3코 모두 코막음한다.
8. 같은 방법으로 왼쪽 앞판을 대칭되게 뜬다.

소매

1. 카키색 실과 대바늘 2.5mm로 시작코 45코를 만든 다음 3코/3코 고무단으로 10단(3cm) 뜬다. 고무단 시작과 끝은 겉뜨기로 3코씩 한다.
2. 다음 단부터 아쿠아블루색 실과 대바늘 4.5mm로 바꾼다. 1단으로 센다.
3. 첫 단에서 1코 늘리고(총 46코) 양쪽으로 6단마다 1코씩 5번 늘리기→4단마다 1코씩 3번 늘리며 메리야스뜨기 한다.

4. 42단 62코가 된다. 44단(14cm)까지 이어 뜬다.
5. 45단부터 다음과 같이 양쪽으로 줄여 라그란줄임을 한다.
   : 오른쪽에서 2코 코막음→(2단마다 1코씩 3번 줄이기→4단마다 1코씩 1번 줄이기)×4번 교차반복→2단마다 1코씩 3번 줄이기→2단마다 6코씩 1번 줄이기→2단마다 4코씩 2번 줄이기
   : 왼쪽에서 2코 코막음→(2단마다 1코씩 3번 줄이기→4단마다 1코씩 1번 줄이기)×4번 교차반복→2단마다 1코씩 3번 줄이기→2단마다 1코씩 3번 줄이기
6. 98단 3코가 남는다. 다음 단에서 남은 코 모두 코막음한다. 같은 방법으로 왼쪽 소매를 대칭되게 뜬다.

앞여밈 덧단

1. 베이지색 실과 대바늘 3.5mm로 시작코 11코를 만든 다음 1코/1단 고무단으로 122단(38cm) 뜬다. 고무단 시작과 끝은 겉뜨기로 2코씩 한다.
2. 다음 단에서 모든 코를 코막음하고 1장 더 뜬다.

연결하기

1. 앞판 고무단 12단 위, 앞여밈에서 6코 들어간 위치에 돗바늘로 메리야스 스티치 한다.

2. 라그란 어깨를 오른쪽 앞판→오른쪽 소매→뒤판→왼쪽 소매→왼쪽 앞판에 연결한다. 소매 짧은 쪽 라그란을 앞판과 연결한다.
3. 몸판과 소매 옆선을 꿰맨다.
4. 목둘레 밴드를 뜬다.
   ① 베이지색 실과 대바늘 3.5mm로 목둘레에서 시작코 89코를 잡아 1코/1코 고무단으로 8단(2cm) 뜬다.
   ② 다음 단에서 느슨하게 코막음한다.
5. 앞여밈 덧단을 앞판에 꿰맨다.
6. 오른쪽 앞여밈 덧단에 6번째 코를 벌려서 다음과 같이 단춧구멍을 만든다.
   : 첫 번째 단춧구멍은 앞목에 만들고 6cm 간격으로 나머지 2개를 더 만든다.
7. 단춧구멍과 대칭되는 곳에 단추를 달아준다.

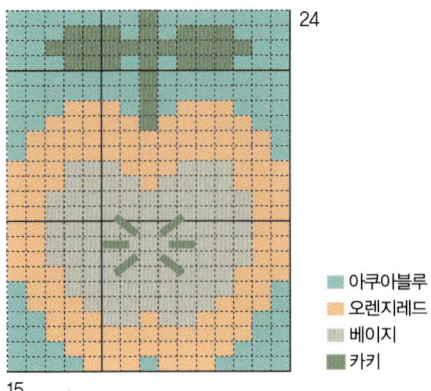

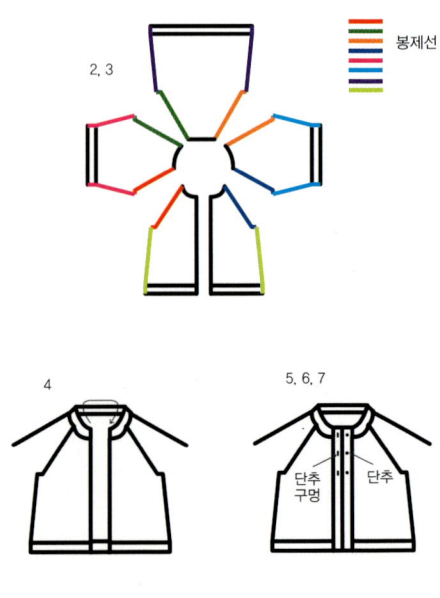

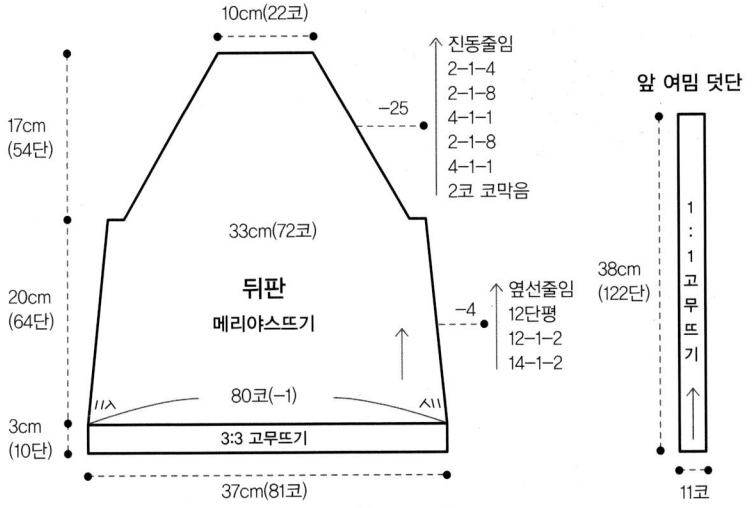
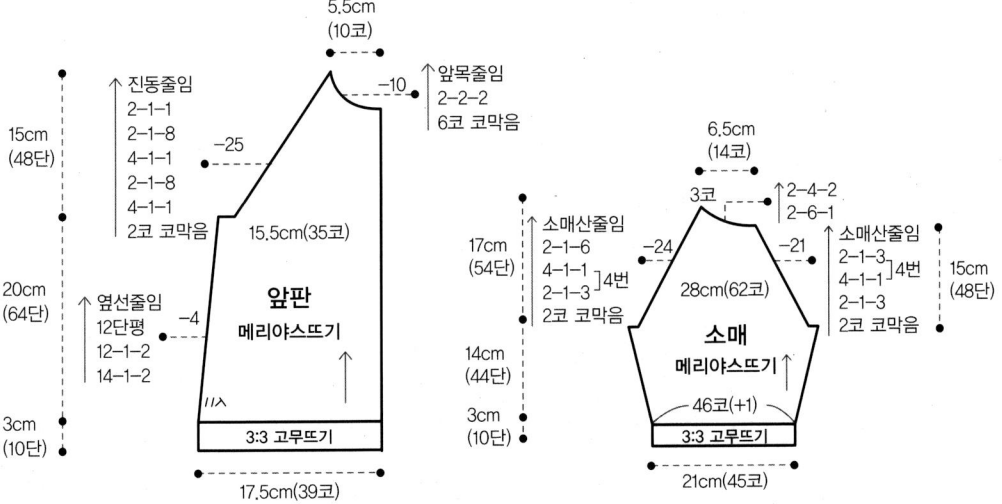

06
에스닉 원피스
Robe

아이들 옷으로 골드 컬러는 촌스럽지 않을까 걱정하는 분들이 많죠? 보색과 유사색을 절묘하게 배색해 기하학적인 문양을 넣은 에스닉 원피스에 도전해보세요. 메리야스뜨기를 기본으로 목둘레는 코바늘로 빼뜨기와 짧은뜨기를 해 깔끔하게 마무리합니다. 야상, 청재킷을 걸치거나 가죽 벨트, 부츠와 코디하면 보헤미안 느낌을 낼 수 있어요.

How to make

에스닉 원피스

사이즈 8세(키 126cm)

준비물
실 : 필다르사의 코튼 3(PHIL COTON 3 : 코튼 100%) 블랙(Noir) 2볼, 골드(Gold) 4볼, 레드(Rouge) 1볼, 바이올렛(Clématite) 1볼, 적갈색(Acajou) 1볼
대바늘 3mm, 코바늘 4호, 실패, 단추(지름 12mm) 1개
*메리야스 게이지(대바늘 3mm) 26코 35단
*배색무늬 게이지(대바늘 3mm) 20cm 55코
*배색무늬 게이지(대바늘 3mm) 10cm 35단
*1코 고무단 게이지(대바늘 2.5mm) 44코

사용한 기법
1코 고무단, 메리야스뜨기, 배색하기, 오른코 줄이기, 왼코 줄이기(2코 모아뜨기), 되돌아뜨기, 코 늘리기
코바늘 : 빼뜨기, 짧은뜨기

만들기
뒤판
1. 골드색 실과 대바늘 3mm로 시작코 114코를 만든 다음 메리야스뜨기로 22단(6cm) 뜬다.
2. 23단에서 양쪽에서 1코씩 줄인 후 *양쪽에서 시접코 2코씩 남기고 6단마다 1코씩 9번 줄이기→4단마다 1코씩 7번 줄인다.
   *양쪽으로 시접코 2코씩 남기고 줄이기 : 겉뜨기 2코→왼코 2코 모아뜨기→4코 남을 때까지 겉뜨기→오른코 줄이기→겉뜨기 2코
3. 옆선을 줄이다가 33단(9cm)부터 〈배색 1 도안〉을 보며 뜬다. 〈배색 1 도안〉이 끝나면 골드색 실로 이어 뜬다.
4. 104단 80코가 된다. 108단(31cm) 될 때까지 메리야스 뜨기로 이어 뜬다.
5. 109단에서 양쪽으로 시접코 2코씩 남기고 1코씩 늘려 준 후 양쪽에서 (시접코 2코씩 남기고) 12단마다 1코씩 1번 늘리기→14단마다 1코씩 1번 늘린다.
6. 134단 86코가 된다. 148단(42cm)까지 이어 뜬다.
7. 149단에서 양쪽에서 2코 코막음→2단마다 2코씩 1번 줄이기→2단마다 1코씩 2번 진동줄임 한다.
8. 156단 74코가 된다.
9. 162단(46cm)까지 뜬 다음 163단부터 〈배색 2 도안〉을 보며 뜬다.
10. 202단(58cm)까지 뜬 다음 203단에서 겉뜨기 18코를 뜬다. 38코 덮어씌워 코막은 다음 남은 18코로 206단(59cm) 될 때까지 한쪽 어깨씩 메리야스뜨기 한다.
11. 207단부터 다음과 같이 되돌아뜨기(왼쪽 아래로 경사) 해 어깨처짐을 준다.
    : 2단마다 6코씩 3번 되돌아뜨기 (어깨 : 18코씩)
12. 212단에 남아 있는 18코를 안전핀에 걸어둔다.
13. 10에 남아 있는 18코도 위와 같이 대칭되게 뜨고 남은 코는 안전핀에 걸어둔다.

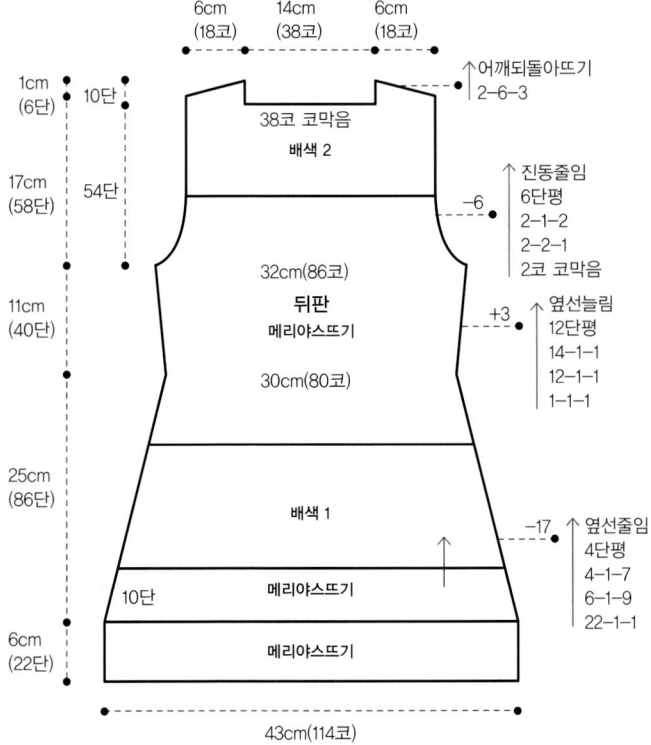

앞판

1~8. 진동줄임까지 동일하게 뜬다. (남은 코 : 74코)
9. 162단(46cm)까지 뜬 다음 163단부터 〈배색 2 도안〉을 보며 뜬다.
10. 188단(54cm)까지 뜬 다음 189단에서 겉뜨기 18코를 뜬다. 38코 덮어씌워 코막은 다음 남은 18코로 206단(59cm) 될 때까지 한쪽 어깨씩 메리야스뜨기 한다.
11. 207단부터 다음과 같이 되돌아뜨기(왼쪽 아래로 경사)해 어깨처짐을 준다.
    : 2단마다 6코씩 3번 되돌아뜨기 (어깨 : 18코씩)
12. 212단에 남아 있는 18코를 안전핀에 걸어둔다.
13. 10에 남아 있는 나머지 반쪽도 위와 같이 대칭되게 뜨고 남은 코는 안전핀에 걸어둔다.

소매

1. 블랙 실과 대바늘 2.5mm로 시작코 151코를 만든 다음 1코 고무단으로 4단(1cm) 뜬다. 고무단 시작과 끝은 겉뜨기 2코씩 한다.
2. 다음 단부터 양쪽으로 줄여 소매산을 만든다.
    : 양쪽으로 3코 코막음→2단마다 3코씩 1번 줄이기→2단마다 4코씩 1번 줄이기→2단마다 5코씩 1번 줄이기→2단마다 11코씩 1번 줄이기 (남은 코 : 99코)
3. 다 줄이면 14단(4cm)이 된다. 다음 단에서 남아 있는 모든 코를 코막음한다.
4. 같은 방법으로 1장을 더 뜬다.

연결하기

1. 앞판과 뒤판의 어깨를 연결한다.
2. 몸판 옆선을 꿰맨다.
3. 소매를 몸판 진동둘레에 연결한다. 몸판과 소매 겉면끼리 마주 대고 돗바늘로 박음질한다.
4. 코바늘 4호와 블랙 실로 목둘레 뒷선과 옆선에는 빼뜨기 1단→짧은뜨기 2단를 뜨고 목둘레 앞선에 짧은뜨기 1단만 뜬다.

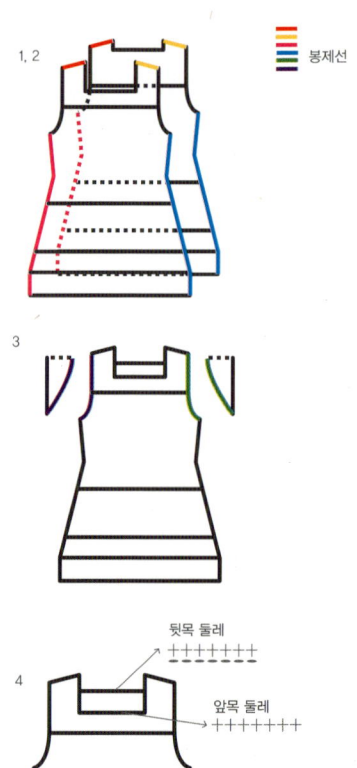

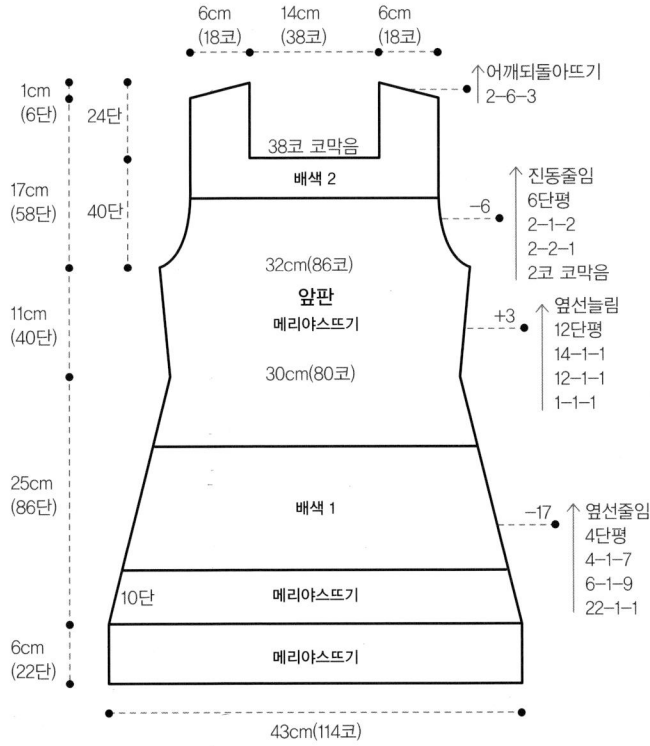

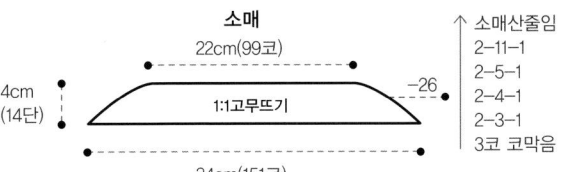

배색 1

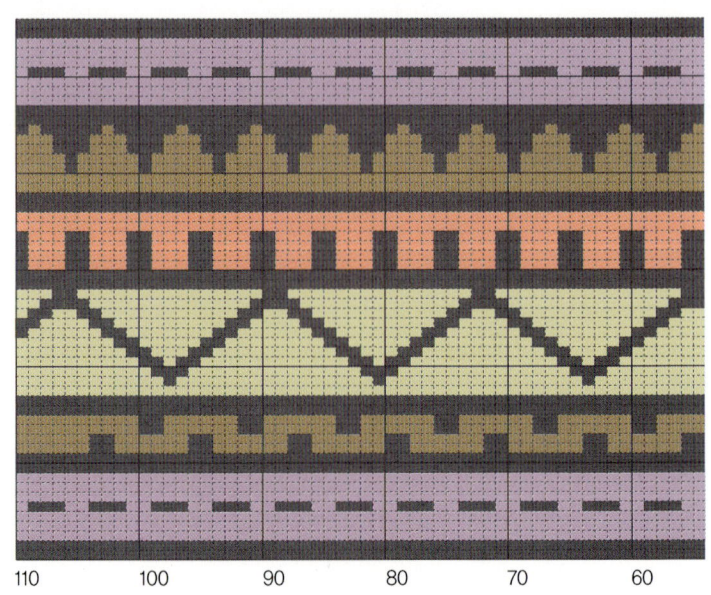

=블랙
=바이올렛
=적갈색
=골드
=레드

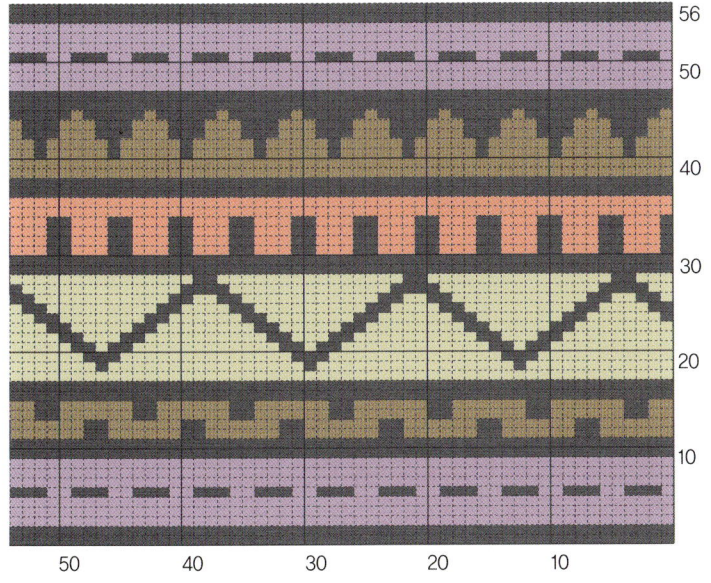

배색 2

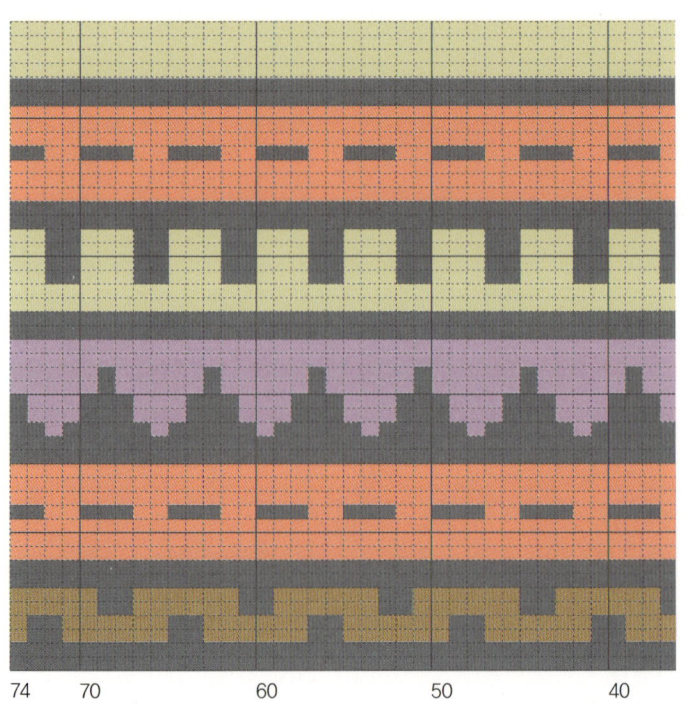

=블랙
=바이올렛
=적갈색
=골드
=레드

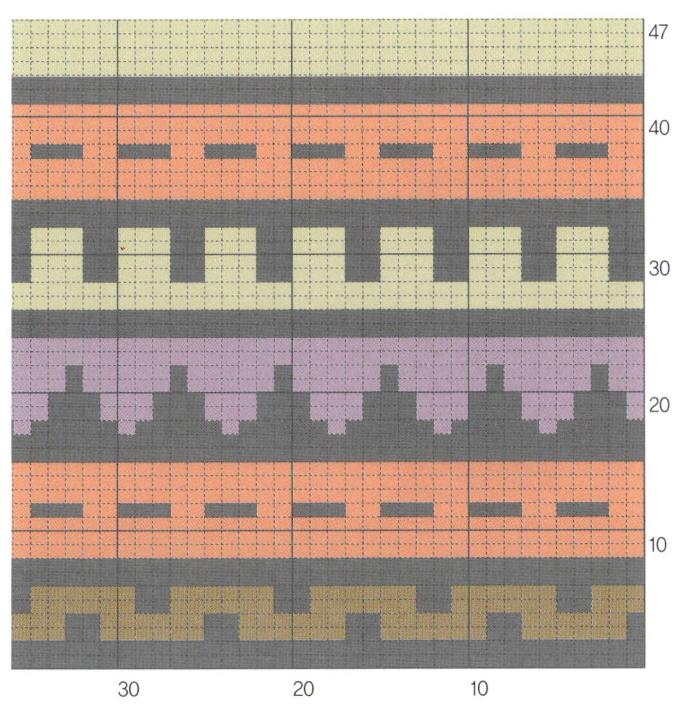